MARCO POLO

FRANZÖSISCHE FLÜSSE

Entspannt von einem Ort zum nächsten gleiten, raus aus dem Alltagsstress, entschleunigen, sich ganz dem Tempo des Flusses anpassen und dabei einfach genießen – eine Flusskreuzfahrt ist etwas ganz Besonderes. Erleben Sie historische Städte, einzigartige Natur, Kunst und Kultur, Land und Leute, eben einfach die bunte Vielfalt des Reisens.

Gute Reise und Schiff ahoi auf Ihrer Fahrt über Frankreichs Flüsse!

SYMBOLE

- INSIDER TIPP Insider-Tipp
- ★ Highlight
- Schöne Aussicht
- Grün & fair: für ökologische oder faire Aspekte

PREISKATEGORIEN RESTAURANTS

€€€	über 12 Euro
€€	6–12 Euro
€	unter 6 Euro

Die Preise gelten für ein Hauptgericht und ein nicht alkoholisches Getränk

GUT ZU WISSEN
Geschichtstabelle → S. 8, Wolkenkratzer & Supermetro → S. 19, Drehort Paris → S. 20, Sanftes Licht, große Kunst → S. 27, Neufundlandfischer → S. 31, Kulinarisches → S. 32, Bücher & Filme → S. 36, Nor(d)mannen → S. 40, Son et Lumière → S. 51, Spiel mit der Kugel → S. 59, Römer → S. 70,

Senf → S. 73, Farbige Dachmuster → S. 77, Benediktiner & Zisterzienser → S. 85, Duftende Felder → S. 94, Stierkämpfe → S. 103, Wind → S. 107, Camargue → S. 109, Landliebe → S. 112, Wenn nichts mehr geht → S. 118

KARTEN IM BAND
(*1/A3*) verweist auf die herausnehmbare Faltkarte

UMSCHLAG VORN:
Die wichtigsten Highlights

UMSCHLAG HINTEN:
Karte der Region

Die besten MARCO POLO Insider-Tipps

Von allen Insider-Tipps finden Sie hier die 15 besten

INSIDER TIPP Immer der Nase nach
Das internationale Spezialitätengeschäft Izraël können Sie schon von Weitem „erriechen". Mit den Gewürzen hier verwandeln Sie das fadeste Essen in ein kulinarisches Feuerwerk → S. 22

INSIDER TIPP Rue d'Alésia
Schick shoppen, aber günstig – hier kann man teure Prêt-à-porter-Mode kaufen, ohne den vollen Preis zu zahlen → S. 23

INSIDER TIPP Le Vieux Moulin
Brückenposten: Die alte Mühle von Vernon hat einen ganz besonderen Standort → S. 26

INSIDER TIPP Steilküste in Weiß
Von der *Falaise d'Amont* haben Sie den besten Blick auf die Kreideklippen und Felsnadeln von Étretat un den regen Schiffsverkehr von und nach Le Havre (Foto o.) → S. 43

INSIDER TIPP Aufregendes Museum
Im spektakulären Gebäude *Les Turbulences* steckt ein spannendes Museum für zeitgenössische Kunst und Baukunst in Orléans, dem Electronic Shadow ein permanentes Lichtkleid angezogen hat → S. 48

INSIDER TIPP Spaß mit Fluxuskunst
Sogar im Café sehen die Snacks aus wie die Kunstwerke in den Ausstellungsräumen. Die *Fondation du Doute* ist ein Museum, in dem moderne Kunst der Fluxuszeit für Vergnügen sorgt → S. 50

INSIDER TIPP Wachgeküsst
Lange lag das *Château Gaillard* in Amboise vergessen im Dornröschenschlaf. Nun zeigt das Schloss, in dessen Garten Frankreichs erste Orangenbäume standen, wieder die Pracht der Renaissance → S. 54

INSIDER TIPP Handwerk mit goldenem Boden
Das *Musée du Compagnonnage* in Tours zeigt Meisterstücke der Zünfte vom Zimmermann bis zum Kunstschmied → S. 56

INSIDER TIPP Trentemoult
Hier trifft Nantes' maritime Vergangenheit auf die Neuzeit – geblieben sind die Boote, heute jedoch schicke Jachten und keine Fischerboote mehr → S. 65

INSIDER TIPP Markthalle Dijon
Im historischen Rahmen und drumherum wird angeboten, was die Felder hergeben, auch in Bio, dazu gibt's Schmackhaftes von Feinkostanbietern → S. 70

INSIDER TIPP Das neue Lyon
Wo Rhône und Saône zusammenfließen, ist ein Raumschiff gelandet. Das futuristische *Musée des Confluences* ist jedoch nur eine der Architekturikonen des neuen Lyoner Inviertels *La Confluence* (Foto u.) → S. 89

INSIDER TIPP Epicurium
Gemüse und Obst sind zum Essen da – aber auch zum Erleben mit allen Sinnen in diesem Museum der ganz eigenen Art → S. 97

INSIDER TIPP Van Goghs Rückkehr nach Arles
Ewig lang gab es kein einziges Original von van Gogh in Arles. Nun hat die *Fondation Vincent van Gogh* ein Haus aus dem 15. Jh. zum Museum für den Maler umgebaut und zeigt regelmäßig Bilder aus dessen reicher Schaffenszeit in der Provence → S. 104

INSIDER TIPP Traumblick auf den Hafen
Über Jahrhunderte hinweg haben nur wenige Eingeweihte diese Aussicht genossen: Der Festungsturm *Roi René* im *Fort Saint-Jean* von Marseille ist seit 2013 für alle zugänglich und bietet einen Traumblick über den Hafen → S. 118

INSIDER TIPP Fischgenuss mit Meerblick mitten in der Großstadt
Im Marseiller Fischerhafen *Vallon des Auffes* gibts gleich drei nette Restaurants, in denen man nicht nur, aber auch leckeren Fisch serviert bekommt → S. 120

LEINEN LOS

ENTDECKEN SIE DIE FRANZÖSISCHEN FLÜSSE!

Frankreich: ein Name, der zahllose Assoziationen weckt. Welche Vorstellungen verbinden Sie mit ihm? Großartigen Wein? Gutes Essen? Den Eiffelturm? Es ist wohl nicht zu hoch gegriffen, dass alle darin vereint sind, mit Frankreich das sprichwörtliche ***Laisser-faire*** und ***Savoir-vivre*** zu verbinden. Woher das kommt? Überall in Frankreich begegnen Sie Menschen, die das Leben zu genießen verstehen und ihrem Alltag mit einfachen Mitteln eine sinnliche Note abringen. Es ist diese Leichtigkeit des Seins, die den Franzosen weltweit den Ruf des Savoir-vivre verschafft hat. Der Begriff bezeichnet eigentlich eine Art Knigge, denn die Franzosen legen großen Wert auf gute Umgangsformen, auf Höflichkeit, passendes Outfit, Tischkultur, gepflegte Sprache und andere Benimmregeln. Im internationalen Image Frankreichs als attraktivem Reiseland wandelte sich jedoch die Bedeutung des Savoir-vivre: Gemeint ist die Kunst des Wellbeing, des sprichwörtlichen Lebens „wie Gott in Frankreich", und zwar keinesfalls beschränkt auf Haute Cuisine, erlesene Weine und brodelndes Nachtleben. Und wie könnten Sie das Savoir-vivre wohl besonders kongenial mit Wellbeing verbinden? Natürlich bei einer Flusskreuzfahrt auf einem der großen französischen Flüsse mit den klangvollen Namen ***Seine, Loire, Sâone*** und ***Rhône***, die ebenso Assoziationen

Bild: Malerisch an der Seine gelegen, erwartet Les Andelys die Kreuzfahrbesucher wecken wie der Name Frankreich. Lassen Sie es sich so richtig gut gehen, gleiten Sie entspannt und ganz im Sinne der Entschleunigung auf Ihrem Schiff dahin, genießen Sie in aller Ruhe die sanft an Ihnen vorbeiziehenden Landschaften, schlendern Sie durch charmante mittelalterliche Dörfer und tauchen Sie ein in das pulsierende Leben faszinierender Großstädte.

Die größte von allen – natürlich – ***Paris***! Die Metropole an der Seine bildet den Mittelpunkt des zentralistisch organisierten Staats – „Paris ist Frankreich", sagte schon Goethe. Bedeutende Monumente und Sehenswürdigkeiten drängen sich auf engem Raum. Auch im 21. Jh. bleibt Paris der Nabel des politischen, wirtschaftlichen und kulturellen Geschehens. Dennoch haben andere Großstädte aufgeholt. ***Marseille***, südöstlich von Arles gelegen, wo die Rhône ins Mittelmeer mündet, hat sich zu einer attraktiven, sehenswerten Metropole gemausert. ***Lyon*** an der Rhône punktet wirtschaftlich mit Hightech und Biochemie, kulturell mit Kunst und Architektur.

Vielfältige Landschaften und reizvolle Städte begleiten Frankreichs Flüsse

Neben faszinierenden Städten warten bei einer Flusskreuzfahrt in Frankreich nicht minder reizvolle Landschaften auf Sie. Die ***Seine*** entführt Sie von Paris aus durch die ***Normandie***, wo sie bei Le Havre in den Ärmelkanal mündet. Die Normandie bietet eine Palette an Attraktionen, die kaum einen Wunsch offenlässt. Die Frische des Maritimen, der rustikale Reiz des Hinterlands und das urbane Flair von Großstädten wie ***Rouen*** oder ***Le Havre*** – das mit seiner stilprägenden Nachkriegsarchitektur zum UNESCO-Welterbe zählt – mischen sich zu einem faszinierenden Cocktail. Im grünen Hinterland zeigt sich die von Flusstälern – allen voran natürlich dem der Seine – geprägte Landschaft, deren Ruhe und Farbenpracht einen Reiz birgt, dem Sie sich kaum werden entziehen können, denn die Normandie hat sich ihren urtümlich-rustikalen Charme bewahrt.

Wie vornehm man einst zu wohnen pflegte, bestaunen Sie im wunderschönen ***Tal der Loire*** mit seinen weltberühmten ***Schlössern***, eines prachtvoller als das andere. Wenn Sie in einen Überschwang architektonischer Highlights eintauchen möchten, sind Sie ohnehin an der Loire gut aufgehoben: ***Blois, Tours, Angers*** oder ***Nantes*** werden Sie mit ihren historischen Bauten begeistern. Und auch für die Naturliebhaber unter Ihnen hält die Loire-Region einen wahren Schatz bereit, denn im Loire-Unterlauf ist das Flusstal mit seinen 1000 Inseln und Überschwemmungsgebieten ein ***Refugium***

um 27 000 v. Chr.
Älteste Felszeichnungen in einer Grotte der Calanques von Marseille

52 v. Chr.
Die Gallier unter Vercingetorix werden bei Alésia von den Römern geschlagen

um 910
Benediktiner gründen das Kloster Cluny

1226–1270
Unter König Ludwig IX., genannt der Heilige, entwickelt sich Frankreich zum größten Königreich in Europa

1337–1451
Hundertjähriger Krieg zwischen Frankreich und England

Historisches Dokument: Notre Dame vor der Brandkatastrophe

für viele Tierarten geworden, die anderswo in Europa längst ausgerottet sind. Inzwischen sind sogar wieder Lachse und Aale östlich von Angers aufgetaucht, und Biber bauen ihre Staudämme im Flusslauf. Kormorane und Fischreiher haben ihr Domizil an den über 3000 Teichen der Sologne gefunden.
Und sind Sie auf ***Rhône*** und ***Sâone*** unterwegs, dürfen Sie sich gern auf die kulinarischen Genüsse einlassen (was natürlich auch entlang von Seine und Loire nicht verboten ist): ***Senf aus Dijon*** und die ***Weine aus dem Burgund*** und aus ***Châteauneuf-du-Pape*** sind weltberühmt und ein Fest für den Gaumen. Vielleicht möchten Sie aber auch auf der Brücke von ***Avignon*** tanzen? Kein Problem, Ihr Schiff wird sicher auch hier Halt machen. Und dann ist da noch die ***Provence*** – ein Name, der an duftende ***Lavendelfelder*** und aromatische Kräuter erinnert, an sonnendurchflutete Tage und den Mistral. Dort, wo sich bei Arles die Rhône in ihr Delta aufteilt, wartet noch ein besonderes Naturerlebnis auf Sie: die ***Camargue***, weltberühmt für ihre weißen Pferde, die schwarzen Stiere und die rosafarbenen Flamingos.
Für welchen Fluss Sie sich auch entscheiden: In Frankreich werden Sie auf eine unglaubliche Vielfalt an unvergesslichen Reiseeindrücken treffen.

1431 Jeanne d'Arc wird in Rouen auf dem Scheiterhaufen verbrannt

1562–1598 Religionskriege zwischen Katholiken und Protestanten

1789 Ausbruch der Französischen Revolution mit dem Sturm auf die Bastille

1944 Landung der Alliierten an den normannischen Küsten, Befreiung von deutscher Besatzung

2016 Neuordnung der französischen Regionen zu 13 in Europa und 5 in Übersee

ENTLANG FRANZÖSISCHER FLÜSSE

FEUER UND SCHWERT

Wer einen Abstecher ins Burgund macht, wird unweigerlich auf sie stoßen, die große Nationalheldin Frankreichs. Schon als Kind erlebte Jeanne die Schrecken des Hundertjährigen Kriegs, des Machtkampfs zwischen England und Frankreich um die französische Krone. Göttliche Eingebungen ließen sie ihr kurzes Leben dem Kampf gegen die Engländer widmen. Das 1412 in Domrémy in Lothringen geborene Bauernmädchen, zeitlebens Analphabetin, überzeugte den Thronfolger Karl VII., ihr ein 3000-Mann-Heer zur Verfügung zu stellen, mit dem sie 1429 das belagerte Orléans befreite. Beim Versuch, die Engländer völlig zu vertreiben, fiel Jeanne 1430 in die Hände der Burgunder, die sie an die mit ihnen verbündeten Engländer auslieferten. Ein Tribunal aus Bischöfen und Äbten machte ihr den Prozess u. a. wegen Ketzerei und Hexerei und ließ sie am 30. Mai 1431 19-jährig auf dem Scheiterhaufen in Rouen verbrennen. Der Vatikan sprach sie 1920 heilig. So wurde sie als „Heilige Jungfrau von Orléans" zur Schutzpatronin Frankreichs.

KUNST AM BAU

Wunderschöne Fachwerkhäuser sind das Markenzeichen historischer normannischer Architektur. Manche Straßenzüge der Altstadt von Rouen gleichen regelrechten Fachwerkmuseen. Man unterteilt die *colombages* in sechs meist regionaltypische Stilrichtungen. Allesamt sind sie geprägt durch lange, parallele

Bild: Frankreichs Nationalheilige Jeanne d'Arc ist noch immer gegenwärtig

Schlösser, zwei Heilige und Kulinarisches, dazu viel Natur ... das und noch viel mehr erleben Sie entlang der Flüsse Frankreichs

Balken (Ständer) und/oder durch feines, manchmal auf dem Kopf stehendes Ähren- bzw. Fischgrätmuster. Natürlich sind Fachwerkhäuser nicht allein der Normandie und dem Umland der Seine vorbehalten. Auch entlang der Loire, Saône und Rhône finden sich noch zahlreiche Fachwerkschätze.

WO BIN ICH?

Für einen Besucher mag es manchmal etwas verwirrend sein, wenn sich vertraute Namen nicht unbedingt originalgetreu auf der Landkarte wiederfinden. Vor der Französischen Revolution von 1789 war Frankreich in 30 Provinzen gegliedert. Damals entstand eine neue Verwaltungsstruktur mit 101 Départements. Die Provinznamen der vorrevolutionären Monarchie überlebten teilweise in 22 Regionen – z. B. Bretagne, Burgund, Elsass oder Lothringen. Manches beliebte Tourismusgebiet versteckte sich allerdings in Wortungetümen, so etwa die Region Provence-Alpes-Côte-d'Azur. Im Zuge der Gebietsreform, die Anfang

2016 in Kraft trat, erfolgte eine umfassende Zusammenfassung zu nur noch 13 statt 22 Regionen – nicht immer zur Freude der zwangsweise Zusammengeführten. Zumindest die Normandie durfte ihren Namen behalten, und die Loire findet sich gleich in zwei Regionennamen (Centre-Val de Loire und Pays de la Loire), die Rhône in Auvergne-Rhône-Alpes – und in Provence-Alpes-Côte-d'Azur. Ob die Bezeichnung erhalten geblieben ist, weil sie so schön lang ist, ist nicht überliefert.

KURZ UND KNAPP

Auch bei einer Flussreise wird man zwangsläufig irgendwann mit dem sprichwörtlich guten französischen Wein in Kontakt kommen. Da schadet es nichts, ein wenig über die verschiedenen Bezeichnungen Bescheid zu wissen. Der Schlüssel zum Verständnis der französischen Weinkultur ist die AOC, die *Appellation d'Origine Contrôlée*. Die französische Weinphilosophie unterscheidet sich von der deutschen, weil sie sich nicht vorrangig an Rebsorten (wie Riesling, Sauvignon, Cabernet) orientiert, sondern den *terroir*, also das Gebiet heraushebt. Das alte Siegel AOC wurde inzwischen durch die Bezeichnung AOP *(Appellation d'Origine Protégée)* abgelöst: Es steht für das Zusammenspiel von Boden, Mikroklima und traditionellen Methoden des Weinbaus, dem speziellen Know-how, das den Winzern in einem AOP-Gebiet Herstellungstechniken, Höchstmengen und Sorten vorschreibt. Über 350 Wein- und Cidresorten tragen das Siegel. Auch Champagner, Cognac und Calvados sind AOP-geprüft. Für die frühere Kategorie *vin de pays* („Landwein") gilt nun das Siegel IGP *(Indication Géographique Protégée)*. Diese Weine mit „geschützter geografischer Angabe" kommen aus festgelegten Regionen, die Winzer haben aber mehr Freiraum beim Anbau, etwa bei der Wahl der Rebsorten. Als dritte Kategorie gibt es den VdF *(Vin de France)* ohne Herkunftsangabe.

BAUBOOM

Macht und Architektur gehen in Frankreich Hand in Hand. Und wo wurde auch und besonders gern gebaut? Natürlich entlang verkehrstechnisch günstig gelegener Wasserstraßen. Es gehört zum guten Ton eines Regenten, sich in Bauwerken zu verewigen. Angefangen hat damit bereits Kaiser Augustus (43 v. Chr.–14 n. Chr.). Im Süden Frankreichs ließ er Tempel, Thermen und Arenen errichten. Später machten es ihm die kirchlichen Fürsten nach. Ihnen verdankt das Land eine große Anzahl an romanischen Kirchen, allen voran Cluny und die Basilika Saint-Sernin in Toulouse, und später Meisterwerke der Gotik wie Saint-Denis, Reims und Chartres. Der gotische Stil mit seinen Spitzbögen hielt sich bis ins 16. Jh. hinein, um dann von einem regelrechten Bauboom im Stil der Renaissance abgelöst zu werden. Die Schlösser an der Loire wie Azay-le-Rideau oder Chambord, später Fontainebleau, überboten sich gegenseitig an Pracht und Ausstattung. Doch es ging noch monumentaler: Im Klassizismus schuf Ludwig XIV. mit Versailles ein Bauwerk, das alle anderen Schlösser in den Schatten stellte. Im 18. Jh. entstanden vor allem Stadthäuser, unter der napoleonischen Herrschaft ziemlich verschnörkelte Empire- und später Rokokobauten. Mit der Verfassungsänderung 1958 übernahmen vom Volk gewählte Präsidenten das architektonische Zepter. Präsident Georges Pompidou initiierte das nach ihm benannte Kunstzentrum und François Mitterrand sind u. a. die Pyramide im Louvre, die neue Oper und die Grande Arche de la Défense zu verdanken.

ALTE KÄHNE

Es muss ein wunderschönes Bild in der Mitte des 19. Jh.s gewesen sein: Hunderte von Schiffen mit großen Rechtecksegeln kreuzten auf der Loire zwischen Orléans und Angers, versorgten die Städte mit Wein, Tuffstein, Äpfeln, Getreide und Schiefer. Die Eisenbahn hat zu Beginn des 20. Jh.s die Schifffahrt auf dem kapriziösen Fluss trockengelegt. Der *fûtreau* aus Holz oder die *toue*, die mit ihrer Kajüte für längere Lastentransporte ausgelegt war waren fast verschwunden. In Blois, St-Dyé, in Chaumont-sur-Loire, Amboise, Rochecorbon, Montsoreau und in Le Thoureil liegen die im traditionellen Stil neu gebauten Schiffe heute wieder vor Anker.

WEINPREDIGER

Hätten Sie's gewusst? Der heilige Martin war der wichtigste Bischof Galliens und hat nicht nur den Katholizismus, sondern auch die Weinreben ins Loire-Tal gebracht. Martin, nach der zeitgenössischen Biografie des Sulpicius Severus um 316 in Sabaria im heutigen Ungarn geboren, war Soldat, als er seinen Mantel mit einem Bettler in Amiens teilte. Martin ließ sich taufen und wurde als wundertätiger Volksmissionar so bekannt, dass ihn das Volk von Tours 371 zum Bischof wählte. Der Heilige starb 397 in Candes.

PFLANZENDIÄT

Im Gegensatz zur botanischen Verwandtschaft in den nördlicheren Regionen wie der Normandie oder entlang der Loire haben die Pflanzen in der Provence ein Problem: Da regnet es monatelang gar nicht und es ist heiß, dann gießt es plötzlich wie aus Eimern. Nicht gerade ein idealer *place to be* für Pflanzen. Die Devise: Wasserpölsterchen anlegen oder Nulldiät – in jedem Fall so wenig Blatt wie möglich, besser Nadeln, die trocknen nicht so schnell aus. Diese Hardcorepflanzen der Provence sind u. a. Rosmarin, Thymian, Bohnenkraut, Oregano, Salbei, Fenchel ... wovon die ersten vier als „Kräuter der Provence" sogar weltweiten Ruhm erlangt haben.

Ein besonders schönes Beispiel der Loire-Schlösser: Azay-le-Rideau

SEINE

Wie ein urzeitlicher Bildhauer hat sich die Natur des mächtigen Kalkplateaus zwischen Paris und dem Ärmelkanal angenommen, hat Landschaften hineingemeißelt, die ihresgleichen suchen: das Seinetal und die Côte d'Albâtre, die Alabasterküste.

In mächtigen Mäandern strebt die Seine ihrer Mündung zu und braucht so für die gut 100 km Luftlinie zwischen Vernon und Le Havre fast das Doppelte – vielleicht, um so mehr Platz zu schaffen für all die Sehenswürdigkeiten an ihren Ufern, für Burgen, Schlösser, Abteien, Kathedralen ...

Steilufer wechseln sich ab mit weiten Auen, garniert mit hübschen Fachwerkdörfern. Wenige, dafür aber eindrucksvolle Brücken erlauben den Übergang – als ob nicht jede Seite allein schon die Reise wert wäre. Der eigentliche Höhepunkt folgt an der Küste: Wie eine schneeweiße Mauer trotzt die Alabasterküste auf 120 km den Angriffen des Meers. Auf Dauer jedoch vergebens, denn alljährlich hobeln Wind und Wellen einige Zentimeter der bis zu 120 m hohen, mit Streifen aus Silikatgestein durchsetzten Kalkformationen ab – und formen dabei gigantische Skulpturen, von denen die Falaise d'Aval bei Étretat zum Symbol für die Region geworden ist. Dass die Küste hier besonders sensibel ist, sieht man an den allgegenwärtigen Verbotsschildern, die das Einsammeln der herumliegenden Steine eindämmen sollen. Sie bilden an Kiesstränden, z. B. in Étretat, eine natürliche Schutzbarriere,

Bild: Eine Kulisse zum Verlieben: Blick über die Seine zum Eiffelturm

Seinetal und Alabasterküste: Eine weite Landschaft verbindet spannungsvoll das stille Hinterland mit einer einzigartigen Küste

die das Meer vom allzu forschen Nagen an den weißen Wänden abhält. Früher war hier das Steinesammeln, etwa zum Hausbau, zwar ein regelrechter Berufszweig, heute sollten Sie aber davon absehen, sich ein solches Souvenir in die Tasche zu stecken. Übrigens: Die leicht milchige Farbe der Küstengewässer rührt von dem sich im Meerwasser schnell lösenden, kreideartigen Gestein.

Und wo die Flüsse des weiten Hinterlands, des Pays de Caux, sich ihren Weg ins Meer gebahnt haben, sind Fischerorte wie Dieppe, Le Tréport oder Fécamp entstanden, die als Inbegriff für „Sommerfrische" stehen. Weniger als zwei Autostunden von der Hauptstadt entfernt, sind sie fast so etwas wie der Strand von Paris.

PARIS

Die Hauptstadt Frankreichs (2,2 Mio. Ew. in der Kernstadt) gehört zu den meistbesuchten Orten weltweit.

Dies hat wirtschaftliche, verwaltungspolitische und touristische Gründe. Vielen Menschen gilt sie als schönste Stadt der Welt. In der Agglomeration von Paris (12,3 Mio. Ew.) laufen alle Verkehrsadern zusammen, hier befindet sich Europas zweitgrößter Flughafen, Charles-de-Gaulle; hier haben internationale Organisationen ihren Sitz, z. B. die UNESCO und die OECD. Allein über 160 Museen gibt es in Paris. Diese Konzentration von Meisterwerken macht die Stadt für Kunstfreunde international zum Garten Eden. Dank ihrer vielsprachigen, kulturell und religiös gemischten Einwohnerschaft ist sie lebendig, quirlig und steckt voller Überraschungen. In der Metropole drängen sich Denkmäler, architektonische Meisterwerke, Stätten der Kultur, Restaurants, Bars und Geschäfte. Paris hat immer Saison. Internationale Stars geben hier Gastspiele, Wirtschaftskonferenzen sind an der Tagesordnung, große Sportereignisse und Kunstausstellungen füllen jede Woche ein ganzes Buch voller Events und Kulturveranstaltungen. Und als Hauptstadt der Mode lockt Paris mit Prêt-à-porter- und Haute-Couture-Schauen zweimal im Jahr die Fashionszene aus der ganzen Welt an.

Der nicht endende Zustrom von Menschen hat aber auch seine Schattenseiten: Die Stadt erstickt im Straßenverkehr, als eine Folge davon ist die Luftverschmutzung sehr hoch. Das Quartier Oberkampf gehört zu den am dichtesten besiedelten Stadtteilen in ganz Europa. Die Pariser City ist achtmal kleiner als die Berliner – vielleicht erzeugt gerade diese Enge das romantische Flair.

LOW BUDG€T

Wer mobil ins Internet gehen möchte, findet auf der Website *www.paris.fr/wifi* eine Übersicht über kostenlose WLAN-Hotspots.

Bildhauerei unter freiem Himmel und völlig kostenlos gibt es im *Musée de la Sculpture en Plein Air (quai Saint-Bernard | 5. Arr.)* in dem kleinen *Jardin Tino-Rossi* am Seine-Ufer. Hier können Sie an die 30 Werke von Bildhauern wie César Baldaccini oder Constantin Brancusi umrunden.

So einige Sehenswürdigkeiten können Sie ganzjährig oder an bestimmten Tagen kostenlos besichtigen. Wann welches Museum und welches historische Bauwerk Sie nicht zur Kasse bittet, erfahren Sie auf der Website der Pariser Touristeninformation sogar auf Deutsch: *short.travel/par1*.

SEHENSWERTES

CENTRE POMPIDOU ★ *(4/C2)*

Das 1977 aus Stahlrahmen errichtete Gebäude, dessen Aufzüge und Rolltreppen sich an der gläsernen Außenfassade entlangbewegen, gilt als einzigartiges Baudenkmal postmoderner Industrieästhetik. Es ist eins der meistbesuchten Kulturzentren der Welt mit der weltweit größten Sammlung an Kunst des 20./21. Jh.s, einer riesigen Bibliothek samt bedeutender Musikdokumentation sowie Kino, Café, Buchhandlung, Konferenzräumen. *Place Georges-Pompidou | www.centrepompidou.fr | Mi–Mo 11–21 (Do bis 23) Uhr*

CHAMPS-ÉLYSÉES *(3/D-E1)*

Die Shopping- und Eventmeile von Paris zieht sich über eine Strecke von 2 km und fünf Metrostationen schnurgerade von der Place de la Concorde bis zum Arc de Triomphe. Werfen Sie einen Blick in

Markenhäuser wie Louis Vuitton, Guerlain, Cartier, Yves Rocher etc. Abends locken die großen Kinosäle und Theater, darunter das Varieté *Le Lido de Paris.* Zur Parade am Nationalfeiertag und zum Abschluss der Tour de France trifft sich *tout Paris* auf den Champs-Élysées. Besonders glitzernd zeigt sich die Prachtstraße in der Vorweihnachtszeit.

EIFFELTURM (TOUR EIFFEL) ★ *(3/C3)*

La Dame de fer, „die eiserne Lady", wie die Franzosen sagen, ist ein Muss beim ersten Parisbesuch – und ein erhabenes Erlebnis. Das Wahrzeichen der Stadt (324 m), das 40 Jahre lang der höchste Turm der Welt war, wurde von Gustave Eiffel für die Weltausstellung 1889 erbaut. Bis zur zweiten Plattform können Sie ihn über 704 Stufen zu Fuß erklimmen, dann muss der sportliche Ehrgeiz ruhen: Zur Spitze ist der Aufzug Pflicht. Oben fegt Ihnen ein frischer Wind um die Ohren und Paris liegt Ihnen zu Füßen, abends leuchtend. Der Glücksmoment lässt sich mit einem Glas an der *Bar à Champagne (tgl. 12–22 Uhr)* verlängern. Nachts, immer zur vollen Stunde, glitzert der Eiffelturm. Den schönsten Blick auf dieses Lichtspektakel haben Sie von den gegenüberliegenden Palais du Trocadéro und Palais de Chaillot aus.

Wenn Sie stundenlange Wartezeiten vermeiden wollen, ist ein Online-Ticketkauf – mit genau festgelegter Besuchszeit! – dringend anzuraten. Vorsicht: Wer zu spät kommt, bleibt unten. Treppentickets sind allerdings nur am Schalter erhältlich. *www.tour-eiffel.fr | Mitte Juni–Aug. tgl. 9–24, Sept.–Mitte Juni 9.30–23 (Treppe bis 18) Uhr*

INVALIDES *(3/E3)*

Neben dem riesigen Gebäudekomplex des von Napoleon für die Kriegsinvaliden errichteten *Hôtel des Invalides,* in dem heute das Armeemuseum untergebracht ist, befindet sich der wuchtige barocke *Invalidendom (Dôme des Invalides).* Unter der goldenen Kuppel fand Napoleon seine letzte Ruhestätte in einem rötlichen Porphyrsarkophag. *129, rue de Grenelle | www.musee-armee.fr | April–Okt. tgl. 10–18, Nov.–März 10–17, Dom Juli/Aug. bis 19 Uhr*

Grandios: der Eiffelturm

Ein Traum in Weiß: Sacré-Cœur

LA DÉFENSE

La Défense mit seinen zahlreichen Hochhäusern ist das vielleicht größte Geschäftsviertel Europas. Hier finden sich Perlen moderner und zeitgenössischer Architektur. Dazu gehören das 1958 errichtete Centre National des Industries et Techniques (CNIT) von Bernard Zehrfuss und die 1989 aus Marmor, Beton und Glas erbaute *Grande Arche* von Otto von Spreckelsen, die exakt in der Blickachse von Place de la Concorde und Arc de Triomphe liegt. Nach erforderlich gewordenen Renovierungsarbeiten ist die Dachterrasse seit 2017 wieder geöffnet.

LOUVRE ★ *(🕮 4/B2)*

Ein Tag reicht nicht, um den Louvre ganz zu besichtigen. Das größte Museum der Welt gliedert sich in acht Abteilungen, in denen auf einer Fläche von gut 60 000 m² etwa 35 000 Werke gezeigt werden. Die meisten Erstbesucher konzentrieren sich angesichts dieser Fülle auf die italienische Renaissance mit Leonardo da Vincis „Mona Lisa" in der *Salle des États* und die Meisterwerke der französischen Malerei im Flügel Sully. *www.louvre.fr | Sa–Mo und Do 9–18, Mi und Fr 9–21.45 Uhr*

MARAIS ★ *(🕮 4/D2)*

Das einstige Sumpfgebiet wurde im 12. Jh. trockengelegt und von der Aristokratie herrschaftlich bebaut. Das Viertel gilt bis heute als Pariser Zentrum des jüdischen Lebens, man sieht viele orthodoxe Juden. Das Marais ist ein angesagtes Szeneviertel, dessen Herz an der viereckigen und von Arkaden begrenzten *Place des Vosges* schlägt. Im Marais gibt es zahlreiche schöne Stadtpalais wie das stadtgeschichtliche *Musée Carnavalet (16, rue des Francs-Bourgeois | www.carnavalet.paris.fr | bis Ende 2019 wegen Renovierung geschl.)* und das *Hôtel de Béthune-Sully (62, rue Saint-Antoine | www.hotel-de-sully.fr)*. Eine Innenbesichtigung ist nicht möglich, aber Hof und Garten sind als Durchgang zur Place des Vosges frei zugänglich.

MONTMARTRE

Das Viertel auf dem höchsten Pariser Hügel hat sich seinen dörflichen Charme erhalten und ist genau deswegen das Ziel vieler nostalgieverliebter Touristen, die auf den Spuren von berühmten Malern wie Pablo Picasso, Paul Gauguin, Henri Rousseau, Maurice Utrillo oder Amedeo Modigliani wandeln wollen. Noch heute tummeln sich auf der *Place du Tertre* jede Menge Straßenkünstler. Die Geschichte des Viertels und der Pariser Boheme und Vergnügungsszene des 19. Jh.s veranschaulicht das *Musée de Montmartre (12–14, rue Cortot | www.museedemontmartre.fr | tgl. 10–18 Uhr)* gleich um die Ecke. Auf keinen Fall sollten Sie den Aufstieg zur Kirche *Sacré-Cœur* verpassen! Die schneeweiße, im römisch-byzantinischen Stil erbaute Basilika ist nicht nur selbst einen Besuch wert, sondern bietet auch einen der schönsten Blicke über die Stadt.

MUSÉE D'ART MODERNE DE LA VILLE DE PARIS (MAM) *(3/C-D2)*

Das Museum für moderne Kunst enthält einen *Parcours Historique* mit Werken des Kubismus, Postkubismus, Orphismus und einen *Parcours Contemporain* mit zeitgenössischer Kunst. Das Herzstück des Museums, das Fresko INSIDER TIPP „La Fée Électricité" von Raoul Dufy, soll das größte Gemälde der Welt sein. *11, av. du Président Wilson | www.mam.paris.fr | Di/Mi und Fr–So 10–18, Do 10–22 Uhr*

MUSÉE D'ORSAY *(3/F2-3)*

In dem lichtdurchfluteten ehemaligen Bahnhof wetteifern Kunst und Architektur um die Aufmerksamkeit der Besucher. Die filigrane Schönheit des Gebäudes passt zum Ausstellungsschwerpunkt Impressionismus. Das Museum ist ein Höhepunkt für jeden, der sich für die Belle Époque bis 1914 begeistert. *1, rue de la Légion d'Honneur | www.musee-orsay.fr | Di/Mi und Fr–So 9.30–18, Do 9.30–21.45 Uhr*

MUSÉE DU QUAI BRANLY ★ *(3/C-D2)*

Hier bekam die Kunst Afrikas, Amerikas, Ozeaniens und Asiens eine neue Heimat in Paris. Das Mammutprojekt in der Nähe des Eiffelturms, das der Architekt Jean Nouvel direkt ans Ufer der Seine baute, beherbergt 300 000 Objekte. *37, quai Branly | www.quaibranly.fr | Di/Mi und So 11–19, Do–Sa 11–21 Uhr*

NOTRE-DAME *(4/C4)*

Die Kathedrale ist mit ihrer doppeltürmigen Westfassade eines der herausragenden Wahrzeichen der Stadt und liegt im Herzen von Paris auf der Île de la Cité. Das gotische Gotteshaus wurde zwischen 1163 und 1300 erbaut und gilt als eines

WOLKENKRATZER & SUPERMETRO

In Paris selbst leben nur 2,2 Mio. Menschen, in den Vorstädten mehr als 10 Mio.: Mit dem 30-Mrd.-Euro-Projekt „Grand Paris" sollen sie zu einem Groß-Paris zusammenwachsen und die französische Hauptstadt zu einer Vorzeigemetropole des 21. Jh.s machen. Die vollautomatische Ringlinie Grand Paris Express soll bis 2030 68 neue Bahnhöfe erhalten – die ersten Strecken sollen 2019 in Betrieb gehen. Der Ausbau des Nahverkehrs, der E-Mobilität und des Radverkehrs gehört zur radikalen ökologischen Wende, um eine Stadt zu retten, der immer öfter die Luft ausgeht: Fahrverbote wegen Feinstaub sind Alltag. 14 Planungsbüros entwerfen das Paris von morgen, in dem jährlich 70 000 neue Wohnungen entstehen sollen. Akzente im Häusermeer sollen Prestigeprojekte von internationalen Stars setzen: Herzog & de Meuron stellt mit der 180 m hohen Pyramide des *Tour Triangle* eine moderne Interpretation des Eiffelturms ins 15. Arrondissement, Jean Nouvel errichtet im 13. die beiden 115 und 180 m hohen Türme des *ZAC Rive Gauche*, im 17. Arrondissement wächst der 170-m-Turm des neuen Justizpalasts von Batignolles.

der großartigsten Meisterwerke der Baukunst dieser Epoche. Bei einem verheerenden Brand des Dachstuhls im April 2019 wurde das historische Gebäude stark beschädigt und ist bis auf Weiteres nicht zu besichtigen. Für die Restaurierung war kurz nach dem Brand bereits knapp 1 Mrd. Euro gespendet worden. *Parvis Notre-Dame-Place Jean-Paul II | www.notredamedeparis.fr*

RIVE GAUCHE *(🕮 4/3-4A-B)*

Das linke Ufer der Seine gilt als das Viertel der Intellektuellen. Die Universität Sorbonne ist dort beheimatet, Ende des 19. Jh.s siedelten sich Buchverlage an, in den 1950er-Jahren zog die Existenzialisten- und Künstlerszene nach *Saint-Germain-des-Prés.* Das Viertel bildet heute zusammen mit dem *Quartier Latin* und dem 7. Arrondissement die teuerste Wohngegend von Paris. Nicht verpassen sollten Sie den Kuppelbau des *Panthéon* und die Kirche *Saint-Sulpice.* Im nur tagsüber zugänglichen *Jardin du Luxembourg* können Sie royale Gartenkunst bewundern. Im *Palais du Luxembourg* tagt der französische Senat.

DREHORT PARIS

Paris und das Kino, das ist eine lange Geschichte, die 1895 mit der ersten öffentlichen Filmvorführung der Brüder Lumière beginnt. Seitdem wurde Paris in unzähligen Filmen verewigt. An die 900 Filmdrehs verzeichnet die Stadt pro Jahr. Filme wie „Die fabelhafte Welt der Amélie", Woody Allens „Midnight in Paris" oder „Ziemlich beste Freunde" sind Ihnen bestimmt ein Begriff. Wenn Sie Paris auf den Spuren der Filmgeschichte entdecken möchten, dann wenden Sie sich an Juliette Dubois von *Ciné-Balade (www.cine-balade.com)*. Die Kinospezialistin hat viele Anekdoten auf Lager, die Sie Ihnen auch gerne auf Englisch erzählt. Wenn Sie auf eigene Faust losziehen wollen, finden Sie auf der Website *Paris fait son cinéma (www.parisfaitsoncinema.com)* eine Sammlung von Adressen, die Kinogeschichte geschrieben haben.

SAINTE-CHAPELLE ★ *(🕮 4/B4)*

Die Palastkapelle der ehemaligen königlichen Residenz ist ein verstecktes Kleinod. Erbaut im 13. Jh. von Ludwig dem Heiligen, gilt sie als Meisterwerk der Gotik. Der untere Teil der Kapelle selbst ist nur 7 m hoch. Der obere Teil enthält die ältesten Fenster von Paris, die das Innere in ein unwirkliches Licht tauchen. *4, blvd. du Palais | www.sainte-chapelle.fr | stark gestaffelte Öffnungszeiten, s. Website*

BISTROS & BRASSERIEN

LA COUPOLE

Die legendäre Brasserie ist immer noch ein Hit für Parisbesucher. *102, blvd. du Montparnasse | Tel. 01 43 20 14 20 | www.lacoupole-paris.com | tgl. |* €€–€€€

AUX LYONNAIS *(🕮 4/B1)*

Ein Bistro, wie man es in Paris erwartet: mit Stuck, Kacheln und deftiger Küche von Alain Ducasse. *32, rue Saint-Marc | Tel. 01 42 96 65 04 | www.auxlyonnais.com | Sa mittags und So/Mo geschl. |* €€

INSIDER TIPP TERMINUS NORD

Herrliche Jugendstil-Bahnhofsbrasserie. Chefkoch Jean-Philippe Bourgueil hat eine Vorliebe für Fisch und Meeresfrüchte (Bouillabaisse!). *23, rue de Dunkerque | Tel. 01 42 85 05 15 | www.terminusnord.com | tgl. |* €€

Symbol der Macht: Schloss Versailles mit Orangerie

ZIELE IN DER UMGEBUNG

VERSAILLES ★ *(1/C3)*

Ein Besuch des gigantischen Schlosses Ludwigs XIV. ist ein absolutes Muss bei einem Paris-Aufenthalt. Hier wurde die absolutistische und zentralistische Staatsidee Wirklichkeit, die im „Sonnenkönig" Ludwig XIV. (1638–1715) personifiziert ist. Ein Hofstaat von bis zu 20 000 Menschen musste versorgt und durch Feste bei Laune gehalten werden. Pflichtprogramm bei der Besichtigung des Schlosses (*April–Okt. Di–So 9–18.30, Nov.–März Di–So 9–17.30 Uhr | Eintritt 18 Euro, Nov.–März 1. So im Monat frei*) sind die königliche Kapelle, die Oper und die Prunkgemächer in der ersten Etage, deren Wände mit Marmor und Goldbrokat verziert sind. Dazu gehört auch der berühmte, 75 m lange Spiegelsaal, dessen 17 Fenster Licht auf die jeweils gegenüberliegenden Spiegel werfen. Der einst 60 km² große Park (*April–Okt. tgl. 8–20.30, Nov.–März tgl. 8–18 Uhr | Eintritt frei | April–Okt. Sa/So und teilweise Di zu den Grandes Eaux Musicales 9,50 Euro*) erstreckt sich heute über immerhin noch 800 ha. Bei den Grandes Eaux Musicales werden die Wasserspiele der Parkbrunnen mit klassischer Musik untermalt. Höhepunkte der Anlage sind neben den Wasserbecken, auf denen Sie auch Bootsfahrten unternehmen können, die beiden Schlösschen Grand und Petit Trianon.

Die neu hergerichtete Domaine de Marie-Antoinette et Grand Trianon (*April–Okt. Di–So 12–18.30, Nov.–März Di–So 12–17.30 Uhr | Eintritt 12 Euro*) umfasst neben Grotten, einem Liebestempel und Wasserläufen im englischen Garten auch Le Hameau, die idealisierte Nachbildung eines Bauerndorfs mit einem Teich. Gesamtpaket „Passport Château Versailles" 20 Euro, 27 Euro an Tagen der Grandes Eaux Musicales. Kartenvorverkauf übers Internet: *www.chateauversailles.fr.*

EINKAUFEN

Vor dem geistigen Auge ziehen Mode, Parfums, Delikatessen, Champagner und andere Luxusartikel vorbei: In Paris wird das alles in geballter Ladung und in eindrucksvoller Aufmachung zur Schau gestellt. Dafür muss man häufig tiefer in die Tasche greifen als zu Hause. Doch oftmals hat Paris eben auch das Beste zu bieten, und wenn man weiß, wo man hin muss, findet man durchaus Schnäppchen. Abgesehen davon hat allein das Bummeln in den Konsumtempeln und Einkaufsstraßen schon erheblichen Unterhaltungswert. Ob es sich um die Schaufenster der Haute-Couture-Läden handelt oder einen Lebensmittelmarkt mit seinen üppigen Auslagen: Shopping in Paris ist ein Erlebnis.

DELIKATESSEN

BARTHÉLEMY ★ *(🕮 3/F3)*

Einer der besten Käseläden *(crèmeries)* von Paris, der auch den Elysée-Palast beliefert. Der frühere Staatspräsident Charles de Gaulle bemerkte einst: „Wie soll man ein Land regieren, das mehr Käsesorten hat, als es Tage im Jahr gibt?" Viele dieser Käsesorten duften in diesem kleinen Geschäft. *51, rue de Grenelle | 7. Arr. | M 12 Rue du Bac*

DEBAUVE & GALLAIS ★ *(🕮 4/A3)*

Die über 200 Jahre alte, elegante Chocolaterie gleicht einem Juwelierladen. Der Unterschied besteht darin, dass hier die teuren Sünden auf der Zunge zergehen. *30, rue des Saints-Pères | 7. Arr. | M 4 Saint-Germain-des-Prés | www.debauve-et-gallais.com*

INSIDER TIPP IZRAËL *(🕮 4/D4)*

Spezialitäten aus aller Welt, vor allem aus arabischen, afrikanischen und asiatischen Ländern, türmen sich in wildem Durcheinander bis an die Decke dieses Ladens: zusammen mit den an Haken hängenden Würsten und den exotischen Gewürzen ein einmaliges Dufterlebnis. *30, rue François Miron | 4. Arr. | M 1 Saint-Paul*

KAUFHÄUSER

LE BON MARCHÉ ★ *(🕮 3/F4)*

Das älteste Kaufhaus der Stadt ist seit über 150 Jahren Symbol für Luxus und Lebensgenuss. Es ist immer noch beeindruckend, bei dezenter klassischer Musik ohne den sonst üblichen Touristenrummel durch dieses Belle-Époque-Juwel zu schlendern. Eine der besten Schuh- und Modeabteilungen der Stadt. Die *Fein-*

Très chic, très riche – es gibt nichts, was es nicht gibt. Grenzen setzt in der glitzernden Metropole Paris nur der Geldbeutel

kostabteilung (www.lagrandeepicerie.fr) im Nebenhaus ist ein Erlebnis! *24, rue de Sèvres | 7. Arr. | M 10, 12 Sèvres-Babylone | www.lebonmarche.com*

GALERIES LAFAYETTE *(4/A1)*
Unter der gewaltigen Glaskuppel dieses Konsumtempels aus dem Jahr 1908 gerät man ins Schwärmen. Kleidung ist hier nicht nach Hosen, Blusen usw., sondern nach Markennamen geordnet. Die Schuhabteilung ist mit 3000 m² die größte der Welt. Diverse Restaurants und eine kostenlose Dachterrasse mit Panoramablick! *40, blvd. Haussmann | 9. Arr. | M 3, 7, 8 Opéra | RER A Auber | www.galerieslafayette.com*. Ende März 2019 wurde eine weitere Filiale auf den Champs-Elysées *(Nr. 60)* eröffnet.

KLEIDUNG & ACCESSOIRES

In der *Avenue Montaigne* und der ★ *Rue du Faubourg Saint-Honoré* sind alle namhaften Häuser – Armani, Chanel, Dior, Gucci, Hermès, Lacroix, Max Mara, Versace u. v. a. – versammelt.
Etwas jüngere und frechere Mode finden Sie um die ★ *Place des Victoires* und in den Boutiquen in der *Rue Etienne Marcel*. Auch im Marais, in der *Rue des Francs Bourgeois* und Umgebung, gibt es witzige Modeboutiquen wie Abu d'abi, Azzedine Alaia, Issey Miyake und Paule Ka.
Unter *prêt-à-porter* versteht man tragbare Alltagskollektionen, die teilweise von der Haute Couture inspiriert sind. Für Schnäppchenjäger interessant sind die *Degriffé*-Angebote: Dabei handelt es sich um reduzierte Markenkleidung der vergangenen Saison, aus der meist die Firmenetiketten herausgeschnitten wurden. Solche Läden, die zum Teil auch Lagerbestände *(stock)* anbieten, gibt es in der INSIDER TIPP *Rue d'Alésia*, z. B. Sonia By *(Nr. 110)* oder Cacharel *(114)*. Hier kaufen Sie bis zu 40 Prozent unter Preis ein, im Schlussverkauf kann es auch noch günstiger sein.

CONFLANS-SAINTE-HONORINE

(🕮 1/C3) **Das Städtchen (36 000 Ew.) am Zusammenfluss von Seine und Oise, ca. 25 km nordwestlich von Paris gelegen, kann auf eine Geschichte blicken, die bis in das Neolithikum zurückreicht.** Namensgebend war die Heilige Sainte Honorine, deren Reliquien Mönche aus der Nähe von Le Havre im Jahr 876 nach Conflans, damals noch ein kleines Dorf, brachten. Im Jahr 1080 wurde eine Priorei gegründet, die sich im Laufe der Jahrhunderte zu einem Pilgerziel entwickelte. Seinen Beinamen *„capitale de la batellerie"* (Hauptstadt der Binnenschifffahrt) erhielt der Ort aufgrund der zunehmenden Bedeutung der Schifffahrt in den nachfolgenden Jahrhunderten.

SEHENSWERTES

MUSÉE DE LA BATELLERIE ET DES VOIES NAVIGABLES

Im sehenswerten Schloss auf dem Gelände der früheren Priorei widmet sich das Museum der Geschichte der Binnenschifffahrt. Dokumentiert wird u. a. deren geschichtliche Entwicklung, ebenso die für die Binnenschifffahrt notwendigen Bauwerke, wie Brücken oder Schleusen. *3, place Jules-Gévelot | www.musee-batellerie-conflans.fr | Di, Do, Sa, So 10–12, 14–17.30, Mi, Fr 14–17.30 Uhr*

PARC DU PRIEURÉ

Von dem Park, der das Schloss umgibt,

Außergewöhnlich: Collégiale Notre-Dame in Mantes-la-Jolie

eröffnet sich eine fantastische Aussicht auf die Seine. In der Orangerie ist eine restaurierte Gipsplastik des Künstlers Auguste Cain zu sehen. Sie zeigt, wie ein Löwe und eine Löwin um einen Eber kämpfen. *Allée du Parc du Prieuré*

INSIDER TIPP BATEAU-CHAPELLE JE SERS

Eine Kapelle auf einem Boot? Ganz in der Tradition seiner engen Verbindung zum Wasser gibt es seit 1936 eine dem heiligen Nikolaus geweihte Kapelle auf dem ehemaligen Kohletransporter *Je Sers*. Das Kirchen-„Schiff" erstrahlt in warmen Farben, wenn das Sonnenlicht durch die Buntglasfenster ins Innere fällt. *Quai de la République | www.bateaujesers.org*

POISSY

(🕮 1/C3) Das heutige Poissy (37 000 Ew.) blickt auf eine lange Geschichte zurück.

In dem einstigen Bauern- und Fischerdorf entstand auf Betreiben des französischen Königs Philipp IV. im Mittelalter die bedeutende Priorei Saint-Louis de Poissy. Während des Hundertjährigen Kriegs zwischen England und Frankreich wurde Poissy von den Truppen des englischen Königs Edward III. weitgehend zerstört. Im 20. Jh. entwickelte sich der Ort zu einem Standort der Automobilindustrie.

SEHENSWERTES

LA COLLÉGIALE NOTRE-DAME

Gegründet im 11. Jh., dokumentiert die einstige Stiftskirche mit den beiden markanten Türmen noch heute die verschiedenen Bauepochen von der Grundsteinlegung bis zum 16. Jh. *8, rue de l'église | Mo–So 8–19 Uhr*

LA VILLA SAVOYE

Die Formensprache Le Corbusiers wird in diesem weiß erstrahlenden, markant strukturierten Gebäude erlebbar, das auffällig mit dem Grün der Landschaft kontrastiert. Die Villa gilt als ein wichtiges Zeugnis der Moderne und wurde 2016 in die UNESCO-Welterbeliste aufgenommen. *82, rue de Villiers | www.villa-savoye.fr | 2. Jan.–30. April, 1. Sept.–24. Dez. Di–So 10–17, 2. Mai–31. Aug. 10–18 Uhr*

MANTES-LA-JOLIE

(🕮 1/B3) Im Mittelalter war das heutige Mantes-la-Jolie (45 000 Ew.) ein bedeutender Seine-Hafen mit Burganlage, der während des Hundertjährigen Kriegs von Engländern und Franzosen umkämpft war.

Von der Seine-Brücke zwischen Mantes und Limay sind nur noch Reste erhalten; wie sie aussah, zeigt das Bild von Jean-Baptiste Camille Corot, das im Pariser Louvre hängt. An die Kirche St-Maclou, die auf die Renaissance zurückging und im 19. Jh. abgerissen wurde, erinnert noch ihr Turm.

SEHENSWERTES

COLLÉGIALE NOTRE-DAME

Die prachtvolle gotische Stiftskirche, die von der Seine aus betrachtet mit ihrem auffälligen Dach direkt den Blick auf sich zieht, geht auf das 12. Jh. zurück. Kraftvoll streben die beiden Türme gen Himmel, das Westportal wird dominiert von einer fein ziselierten Rosette, während das helle, freundliche Innere durch klare Strukturen bestiche. *Place de l'Étape | tgl. geöffnet*

Der zauberhafte Seerosenteich inspirierte Monet

VERNON

(🕮 1/A2) Die von vielen Fachwerkhäusern aus dem 15. Jh. und einer prächtig ausgestatteten gotischen Stiftskirche aus dem 12. Jh. geprägte Stadt (24 000 Ew.) profitiert vom touristischen Glanz ihres weltbekannten Nachbardörfchens Giverny.

Das Wahrzeichen Vernons, der 22 m hohe *donjon*, nahm später das Stadtarchiv auf. Noch pittoresker ist INSIDER TIPP *Le Vieux Moulin,* die kurios zwischen zwei Pfeilern der Ruine der mittelalterlichen Brücke von Vernon aufgesetzte alte Mühle. Am Ortsrand liegt das prunkvoll im italienischen Stil gestaltete *Château de Bizy (April–Okt. Di–So 10–18 Uhr nur mit geführter Besichtigung | 8 Euro, nur Gärten 4 Euro | www.chateaudebizy.com)* aus dem 18. Jh. Im Park, neben den Stallungen (heute ein Kutschenmuseum), stehen schöne Statuen. Auskunft: *36, rue Carnot | Tel. 02 32 51 39 60 | www.cape-tourisme.fr*

SEHENSWERTES

STIFTSKIRCHE NOTRE-DAME

Die ehemalige Stiftskirche Notre-Dame zieht mit einer wunderschönen Fensterrose im Flamboyantstil, verschiedenen Mariendarstellungen am Portal und Wasserspeiern an der Fassade den Blick auf sich. Beachtenswert ist auch die denkmalgeschützte Orgel aus dem Jahr 1610. *1 bis, rue du Chapitre, Besichtigung außerhalb der Gottesdienstzeiten*

PARC DES ARTS

Rund um den sogenannten „Archivturm" *(tour des archives)*, einen Turm der einstigen Stadtmauer, entstand 2011 der Parc des Arts. Vor der historischen Kulisse laden Skulpturen, Blumenrabatten und Wasserkunst zum gemütlichen Flanieren ein.

MUSÉE ALPHONSE G. POULAIN

In einem schönen Fachwerkkomplex aus dem 16. Jh. zeigt das nach seinem ersten Kurator benannte Museum Volkskunst und Geschichte der Region. Sehenswert ist auch die Ausstellung mit über 400 figürlichen Tierdarstellungen. *12, rue du Pont, Apr–Okt Di–So 10.30–18, Nov–März Di–Fr 14–17.30, Sa/So 14.30–17.30 Uhr, 4 Euro*

GIVERNY

(🕮 1/A-B2) **Das dörfliche Giverny liegt an der Mündung des Flusses Epte in die Seine und ist gewiss einen Ausflug wert.** Hier, 35 km östlich von Évreux, steht eine der größten Attraktionen der Normandie: das einstige *Wohnhaus (Ostern–Okt. tgl. 9.30–18 Uhr | 9,50 Euro | www.fondation-monet.com)* des bedeutenden Impressionisten Claude Monet, in dem er von 1883 bis 1926 lebte. Dass der Meister selbst nie in Japan weilte, verzeihen die in großen Scharen einfallenden Touristen aus dem Land der aufgehenden Sonne gern – sie fühlen sich an der japanischen Brücke über dem romantischen Seerosenteich inmitten der üppigen Blütenfülle ohnehin pudelwohl.
Einen Besuch lohnt auch das von dem Chicagoer Kunstmäzen Daniel J. Terra gegründete *Musée des Impressionnismes (99, rue Claude Monet | April–Okt. tgl. 10–18 Uhr | 7 Euro | www.mdig.fr),* in dem Wechselausstellungen rund um den Impressionismus zu sehen sind. Das lichtdurchflutete, moderne Gebäude lädt mit *salon de thé* und Restaurantterrasse, einer Kunstbuchhandlung und Veranstaltungen zum Verweilen ein.
Ein Caférestaurant mit besonderem Flair: Im früheren *Hôtel Baudy (April–Okt. tgl. | 81, rue Claude Monet | Tel. 02 32 21 10 03 | www.restaurantbaudy.com | €€)* wohnten, speisten, feierten und malten die Monet-Anhänger aus aller Welt. Das simple Dekor der einstigen Kolonie blieb erhalten. Einfache, schmackhafte Küche, gemütliche Sommerterrasse im Schatten von Linden; gönnen Sie sich eine Mittagspause im betörend duftenden alten Rosengarten. *www.giverny.fr*

SANFTES LICHT, GROSSE KUNST

Das weiche, wechselnde Licht der Normandie zog ab der Mitte des 19. Jh.s viele junge Maler an die hiesige Küste. Vor allem Honfleur und Étretat mit ihren spektakulären Motiven entwickelten sich zu regelrechten Künstlerkolonien. In seiner Geburtsstadt errichtete Eugène Boudin die „Schule von Honfleur" und war damit einer der Vorläufer des Impressionismus, der die europäische Malerei revolutionieren sollte. Unter seinem Einfluss entwickelte sich der 1840 in Paris geborene Claude Monet zum herausragenden Repräsentanten der neuen Stilart. Viele großartige Gemälde zeugen von seiner Genialität. 1881 zog er von Honfleur in das ländliche Giverny und machte aus seinem Garten ein einzigartiges Idyll. Es wurde Kulisse für viele seiner Bilder. 1926 starb Claude Monet; er liegt auf dem Friedhof von Giverny begraben.

Les Andelys mit Château Gaillard

LES ANDELYS

(🕮 1/A2) **Auf einem Kalkfelsen hoch über einem malerischen Seinebogen, der auffällig mit dem Grün der umliegenden Hänge kontrastiert, und der beschaulichen Stadt (8200 Ew.) thronen die Ruinen der Festung Château Gaillard.** 1196 unter dem normannischen Herzog und englischen König Richard Löwenherz innerhalb gut eines Jahres erbaut, war die Burg ein wichtiges Bollwerk der normannischen Verteidigung gegen Frankreich. Die Reste – vor allem der von einer Verteidigungsmauer und einem Graben umgebene *donjon* – sind ebenso fotogen wie der großartige Rundblick über das Tal der Seine. Am schönsten ist der Weg zu Fuß durch die steile, nach dem englischen König *Rue Richard-Cœur-de-Lion* benannte Straße. *Außenanlagen ständig frei zugänglich, oberer Innenhof und donjon Mitte März–Mitte Nov. Mi–Mo 10–13 und 14–18 Uhr | 3,20 Euro*

ROUEN

Die Bedeutung der ★ Stadt an der Seine ist unumstritten. Sie ist mit 110 000 bzw. fast 500 000 Ew. (einschließlich eines großen Konglomerats von Vororten) die Hauptstadt der Region.

Ihre Lage 90 km von der Küste entfernt lässt nicht vermuten, dass sie den fünftgrößten Seehafen Frankreichs besitzt. Jährlich tuckern über 3500 Schiffe den Strom hinauf und zum Meer zurück, denn Rouen ist wichtiger Umschlaghafen von Paris. Die Gezeiten machen sich bis Rouen deutlich bemerkbar.

Alle vier bis sechs Jahre (das nächste Mal 2019) richtet die Stadt im Juni die elftägige *Armada (www.armada.org)* aus, ein gigantisches Volksfest mit mehreren Millionen Besuchern, bei dem stolze Riesensegelschiffe aus ein paar Dutzend Nationen in den Hafen einfahren.

Die „Stadt der 100 Kirchtürme" und 1000 Fachwerkhäuser hat eine 2000-jährige, wechselvolle Geschichte. Trauriger Höhepunkt war die Verbrennung von Jeanne d'Arc auf der Place du Vieux-Marché. Das reiche baukünstlerische Erbe mit den herrlichen sakralen Bauten, prachtvollen Schlössern und stolzen Bürgerhäusern unterschiedlicher Stilarten bescherte Rouen den zweiten Beinamen „Museumsstadt" (Informationen zu Rouens Museen: *www.rouen.fr/musees*).

SEHENSWERTES

INSIDER TIPP AÎTRE SAINT-MACLOU
(🕮 5/C3)

Östlich der Kirche Saint-Maclou, in der Rue Martainville, verbirgt sich hinter einem unauffälligen Durchgang ein von Fachwerkhäusern umgebener Innenhof. Die Insignien der Totengräber im umlaufenden Fries des Gebäudekomplexes verraten es: Hier wurden die Pestopfer in ein Massengrab verbracht. Wenn angenehme Temperaturen herrschen, lässt es sich unter den Bäumen vorzüglich entspannen. Auch die Studenten der hier ansässigen Kunstakademie tun der Ruhe keinen Abbruch. *186, rue Martainville | tgl. 9–18 Uhr | Eintritt frei*

GROS-HORLOGE *(5/B2)*

In der belebten Rue du Gros-Horloge befindet sich die in den Renaissancetorbogen eingebaute Gros-Horloge aus dem 16. Jh. Auf ihren beiden Seiten sieht man neben einer Wochenuhr die kunstvoll gestalteten Zifferblätter der noch heute exakt funktionierenden Uhr, deren Mechanismus Sie im Gebäudeinneren besichtigen können. Der ebenfalls zu sehende Mondkalender war wichtig, um abschätzen zu können, ob ein erwarteter Großsegler bis in den Hafen von Rouen würde fahren können oder nicht – die Mondphasen haben entscheidenden Einfluss auf die Gezeiten und damit den Wasserstand unter dem Kiel. Vom gotischen *Le Beffroi* (Glockenturm) aus dem 14. Jh. genießen Sie einen Rundblick über den historischen Stadtkern. *April–Okt. Di–So 10–13 und 14–19, Nov.–März 14–18 Uhr | 7 Euro*

HISTORIAL JEANNE D'ARC *(5/C2)*

Auf fünf Etagen wird im mittelalterlichen einstigen Bischofspalast, wo ein Teil des Prozesses gegen Johanna stattfand und ihr Todesurteil verkündet wurde, die Geschichte der Jungfrau spannend aufgearbeitet. *7, rue Saint-Romain | Mai/Juni Di–Fr 11–19.30, Sa/So 10–19.30, Juli/Aug. Di–So 10–19.30, Sept.–April Di–Fr 11–19, Sa/So 10–19 Uhr | 9,50 Euro | www.historial-jeannedarc.fr*

MUSÉE DES BEAUX-ARTS *(5/C2)*

Reiche Gemälde- und Skulpturensammlung mit Werken u. a. von Veronese, Rubens, Caravaggio, Ingres, Monet und Degas. *26, esplanade Marcel Duchamp | Mi–Mo 10–18 Uhr | Eintritt frei, Sonderausstellungen 11 Euro | mbarouen.fr*

Buntes Fachwerk neben der Gros-Horloge in Rouen

MUSÉE FLAUBERT D'HISTOIRE DE LA MÉDECINE *(🕮 5/A1)*

Das Geburtshaus Gustave Flauberts enthält Erinnerungen an den großen Literaten, aber auch eine interessante Ausstellung über Medizingeschichte – Flauberts Vater war Mediziner. *51, rue de Lecat | Mi–Sa 14–18 Uhr | 4 Euro*

MUSÉE NATIONAL DE L'ÉDUCATION *(🕮 5/D2)*

In dem schönen Fachwerkbau erfahren Sie viel über die französische Kindheits- und Schulgeschichte seit dem 16. Jh. *185, rue Eau-de-Robec | Mo und Mi–Fr 13.30–18.15, Sa/So 10–12.15 und 13.30–18.15 Uhr | 3 Euro*

MUSÉE LE SECQ DES TOURNELLES *(🕮 5/C2)*

Die einstige Kirche Saint-Laurent bietet einen würdevollen Rahmen für die weltweit größte Kunstschmiedesammlung (6000 Exponate). *2, rue Jacques-Villon | Mi–Mo 14–18 Uhr | Eintritt frei*

NOTRE-DAME DE L'ASSOMPTION *(🕮 5/C3)*

Mittelpunkt der Altstadt ist die gotische Kathedrale (12.–16. Jh.), ein besonders schönes unter den sakralen Bauwerken Frankreichs – Monet malte sie gleich 28-mal! Sie beeindruckt durch ihre monumentale Fassade im Flamboyantstil, die von der *Tour de Saint-Romain* und der später rechts hinzugekommenen *Tour de Beurre* (16. Jh.) flankiert wird.

Den Namen „Butterturm" verdankt er seiner Finanzierung durch eine Steuer, die auf während der Fastenperiode verzehrte Milchprodukte erhoben wurde. Der ebenfalls imposante Vierungsturm ist mit 151 m höchster Kirchturm Frankreichs. Verteilt auf die Türme läuten in der Kathedrale 56 Glocken. Im Chor finden Sie mehrere Grabmäler, u. a. das von Richard Löwenherz. *April–Okt. Di–Sa 7.30–19, So 8–18, Mo 14–18, Nov.–März Di–Sa 7.30–12 und 14–18, So/Mo 14–18 Uhr*

Aufstrebende Gotik in Rouens Kathedrale

NEUFUNDLANDFISCHER

Mutige Fischer aus der Bretagne und Normandie fingen einst, weit entfernt von heimatlichen Gestaden in den Gewässern rund um Neufundland vor Kanada, Kabeljau. Der Fisch war eine der Säulen der normannischen Wirtschaft, ganze Orte lebten davon. Der erste schriftlich erwähnte Neufundlandfischer war Nicolas Selles, der 1561 mit 70 000 Fischen heimkehrte. 1627 zählte man in Fécamp, der späteren Hauptstadt normannischer Kabeljaufischerei, schon 20 Schiffe. Ab 1789 führte ein Kapitän aus Dieppe bleibeschwerte Langleinen ein, die von zwei Schaluppen mit je sechs bis acht Mann und später mit sogenannten *doris* à zwei Mann ausgebracht und eingeholt wurden. An solchen Langleinen hingen Hunderte Haken mit Wellhornschnecken als Köder. Die *Grande Pêche* genannte Fangsaison ging wegen der Gefährlichkeit der winterlichen Gewässer nur von April bis September. Kehrten Väter, Ehemänner, Brüder, Söhne bis dahin nicht heim, schwand die Hoffnung bald, dass sie es je täten.

PALAIS DE JUSTICE *(🗺 5/B2)*
In der Rue aux Juifs befindet sich das prächtige Gerichtsgebäude, in dem früher das Parlament der Normandie tagte. Es ist ist eines der seltenen zivilen gotischen Bauwerke Frankreichs, das zudem üppige Renaissancedekore aufweist.

PLACE DU VIEUX-MARCHÉ *(🗺 5/B2)*
Auf dem alten Marktplatz, der von normannischen Fachwerkhäusern und der an ein Wikingerschiff erinnernden, modernen Kirche Sainte-Jeanne d'Arc umrahmt ist, wurde am 30. Mai 1431 die Nationalheilige auf dem Scheiterhaufen verbrannt. Ein Denkmal ist ihrer Erinnerung gewidmet.

SAINT-OUEN *(🗺 5/C2)*
Über die enge Rue Damiette erreicht man die Abteikirche *(abbatiale)* einer in der Karolingerzeit gegründeten Benediktinerabtei, ein prunkvolles gotisches Bauwerk mit einem Vierungsturm im Flamboyantstil. Im Inneren sehr schöne Glasfenster und eine große Orgel aus dem 16. Jh. Auf der Nordseite die Ruinen des Kreuzgangs. *Di–Do und Sa/So 10–12 und 14–17.30 (April–Okt. bis 18) Uhr*

ESSEN & TRINKEN

BOULANGERIE BASTIEN *(🗺 5/B2)*
Exzellente und vor allem frische, hausgemachte Konditorwaren, Sandwiches und Backgenüsse, die Sie auf dem Bummel durch die Fußgängerzone „auf die Hand" genießen können. *Mo–Sa 6–19.30 Uhr | 29, Place de la Pucelle*

LA PÊCHERIE *(🗺 5/C3)*
Unter Fischfans die Adresse der Stadt mit Aussicht direkt am Ufer der Seine. *So/Mo geschl. | 29, place de la Basse Vieille Tour | Tel. 02 35 88 71 00 | www.lapecherie.fr | €€*

LA TOQUE D'OR *(🗺 5/B2)*
Traditionelle, modernen Einflüssen nicht abgeneigte Küche (in *poiré* geschmortes Perlhuhn). Rustikales Ambiente mit Fachwerkbalken und Steinkamin. *Tgl. | 11, place du Vieux-Marché | Tel. 02 35 71 46 29 | €€*

LA WALSHEIM *(🕮 5/C3)*
Bis 1974 schwangen in dem Fachwerkgebäude aus dem 15. Jh. noch Cabarettänzerinnen das Tanzbein. Das modern eingerichtete Restaurant orientiert sich an lokalen Errungenschaften wie mit Käse, Apfel oder Calvados verfeinerten Fleischgerichten. *Tgl. | 260, Rue Martainville | Tel. 02 35 98 27 50 |* €–€€

EINKAUFEN

In Rouens Innenstadt lässt es sich herrlich shoppen. Rund um die Fußgängerzone der *Rue du Gros-Horloge* reiht sich ein Geschäft ans andere. Mit dabei sind natürlich auch hier die üblichen großen Marken und Ketten. Östlich von der Markthalle an der *Place du Vieux-Marché* befinden sich, parallel zur Fußgängerzone, aber auch viele kleine Boutiquen und Delikatessengeschäfte. Die berühmten Rouennaiser Fayencen und Kunsthandwerk bekommen Sie im ehemaligen Bibliotheksviertel an der Nordseite der Kathedrale. In der *Rue Saint-Romain,* an der *Place Barthélémy* und in der *Rue Martainville* gibt es viele Antiquitätenläden.

KULINARISCHES

Die weltberühmten normannischen Käse verzehren Sie lieber vor Ort, anderenfalls verscherzen Sie es sich mit Ihren Mitreisenden – gerade Rohmilchkäse entfalten Düfte, die nicht jedem angenehm sind. Flüssiges in Form von Cidre, Calvados oder dem Kräuterlikör Bénédictine ist da vorteilhafter – und hält sich auch länger. Köstlich ist auch der fruchtige Apfelsaft, der direkt aus Cidreäpfeln gepresst wird und in allen Cidrerien bzw. Destillerien zu haben ist. Naschmäuler freuen sich über *sucre de pomme,* karamellisierte Apfelzuckerstangen, die wunderbaren *caramels d'Isigny,* Salzbutterkaramell mit Crème fraîche oder über eine der Schokoladenspezialitäten.

ZIELE IN DER UMGEBUNG

ABBAYE DE JUMIÈGES ★ *(🕮 2/C3)*
Die großartige Abteianlage der Benediktiner aus dem 10./11. Jh. rund 30 km westlich zählt zu den eindrucksvollsten Ruinen der Normandie. Die beiden 46 m hohen Fassadentürme der Abteikirche *Notre-Dame* aus dem 11. Jh. lassen die ursprünglichen riesigen Ausmaße des Bauwerks erkennen. Schöne präromanische Teile zeigt die Kirche *Saint-Pierre* aus dem 14. Jh. In den bis heute erhaltenen Klostergebäuden sind die steinerne Treppe, Teile des Kapitelsaals und der Keller aus dem 12. Jh. zu besichtigen. Bringen Sie etwas Zeit und vielleicht sogar ein Picknick mit, denn im INSIDER TIPP weitläufigen Park lässt es sich herrlich entspannen. Beim Ticketschalter finden Sie eine große Auswahl an mitunter auch deutschsprachiger Literatur zu mittelalterlicher Architektur in der Normandie und zum Klosterleben. *Mitte April–Mitte Sept. tgl. 9.30–18.30, Mitte Sept.–Mitte April 9.30–13 und 14.30–17.30 Uhr | 6,50 Euro*

CHÂTEAU DE VASCŒUIL
In einer großen Grünanlage knapp 20 km östlich präsentiert sich das unter Denkmalschutz stehende Schloss aus dem 12. Jh. Im Schloss werden Werke und im Park Skulpturen zeitgenössischer Künstler ausgestellt. *Juli/Aug. tgl. 10.30–13 und 14.30–18.30, April–Juni und Sept.–Nov. Mi–So 14.30–18 Uhr | 9,50 Euro | www.chateauvascoeuil.com*

Das Rathaus von Caudebec-en-Caux liegt idyllisch an der Esplanade

SAINT-MARTIN-DE-BOSCHERVILLE

(🕮 2/C3)

Der in einer Waldlandschaft liegende Ort 8 km westlich hat große Geltung durch die mächtige, im romanisch-normannischen Stil erbaute Abteikirche des Klosters *Saint-Georges de Boscherville (April–Okt. tgl. 9–18.30, Nov.–März 14–17 Uhr | Abtei 6 Euro, Kirche frei | www.abbaye-saint-georges.com)* aus dem 12. Jh. erhalten. Sehr schön ist die harmonische Rundbogenfassade des Kapitelsaals mit dem Kreuzgang.

CAUDEBEC-EN-CAUX

(🕮 2/C2) **Das am rechten Seine-Ufer an der Mündung der beiden Flüsse Sainte-Gertrude und Ambion gelegene Caudebec-en-Caux ist der Hauptort des Pays de Caux und liegt an einer weiten Flussschleife der Seine.**

Samstags findet in dem Örtchen auf der Place d'Armes ein bunter Markt statt, auf dem unter anderem Lebensmittel und Blumen feilgeboten werden.

SEHENSWERTES

PFARRKIRCHE NOTRE-DAME

Die Kirche Notre-Dame (11.–15. Jh.) gilt als eine der schönsten in der ganzen Normandie. Besonders beachtenswert ist das beeindruckende Westportal mit den figürlichen Darstellungen an der Fassade, die nicht nur Heilige, sondern auch Menschen des einfachen Volkes zeigen. *Rue Jean Prévost*

MUSÉOSEINE

Das Schifffahrtsmuseum bietet für Groß und Klein einen spannenden Einblick in alle Aspekte der Seine-Schifffahrt. *Feb.–Juni Di–So 13–18.30, Juli–Aug. Di–So 10–18.30, Sep.–Nov. 13–18.30 Uhr | avenue Winston Churchill | www.museoseine.fr*

NORMANDIE

Wie ein Fanal steht sie in der endlosen Weite einer einzigartigen Meereslandschaft: die Abteifestung des Mont-Saint-Michel, das „Wunder des Abendlands". Schon im Mittelalter zog sie magisch die Pilgerscharen an. Ihren heutigen Besuchern hat die Region im Nordwesten Frankreichs noch viel mehr zu bieten: *Fachwerkdörfchen* wie aus dem Bilderbuch, kilometerlange Sand- und Kiesstrände, imposante *Steilküsten aus Kreidefelsen,* berühmte Kathedralen und Abteien, eine üppig wuchernde, grüne Natur, weltbekannte Käse und die drei großen C – *Camembert, Cidre und Calvados* – stehen für das Savoir-vivre à la normande.

DEPARTEMENTS

Politisch gliedert sich die Normandie heute in fünf Departements: Manche, Calvados und Orne im Westen bilden zusammen die Basse (Untere) Normandie, Seine-Maritime und Eure im Osten die Haute (Obere) Normandie. Im Zuge der Neuordnung der französischen Regionen wurden 2016 die Untere und die Obere Normandie zur neuen Großregion Normandie zusammengelegt, die Hauptstadt ist Rouen. Landwirtschaftlich profitiert die Region von Ausläufern des Golfstroms mit angenehmen Jahresdurchschnittstemperaturen. Ein guter Teil der französischen Milchkühe grast hier und ein noch größerer Teil der Vollblutpferde. Bei den Franzosen steht die Normandie für Käse, Butter und Sahne sowie für Calvados und Cidre. Kurze Wege vom Produzenten zum Verbraucher sorgen für eine hervorragende Qualität der meisten Lebensmittel. Trotzdem machen der Wettbewerb innerhalb der EU und der aus ihm resultierende Preisdruck den Landwirten das Leben schwer. Einige Dutzend Fischerhäfen prägen nach wie vor das Küstenbild, wenngleich auch für die normannische Flotte die Ressourcen knapper werden. Wegen der teils immensen Kosten für Treibstoff, Mannschaft, Versicherungen und Boot ist Fisch nicht zum Dumpingpreis zu haben.

WIRTSCHAFT

Die Normandie vollzieht schon seit Jahrhunderten gekonnt den Spagat zwischen dem Leben auf dem Land und an der Küste. Über die Seine, die Lebensader der Region, versorgt die Provinz die Bevölkerung von Paris mit Lebensmitteln; ihr Steueraufkommen finanzierte einst

Frankreichs magischer Norden, die Normandie, wartet mit tiefgrünen Wiesen und kalkweißen Hochufern auf

große Teile des Staatsetats. Früher wirtschaftlicher Reichtum zog den kulturellen nach sich: Die Region verfügt über einen üppigen Schatz an Baudenkmälern, allen voran das Wahrzeichen der Normandie: der Klosterberg Mont-Saint-Michel. Prächtige Kathedralen wie in Rouen, Bayeux, Sées oder Coutances, Abteien oder deren immer noch beeindruckende Ruinen, Schlösser aller Stilrichtungen sowie Hunderte Herrensitze *(manoirs)* und Gutshöfe zeugen von Jahrhunderten soliden Wohlstands.

BERÜHMTHEITEN

Der berühmteste Normanne? Vielleicht Christian Dior. Sein Geburtshaus in Granville ist eine Kultstätte der Haute Couture. Die Schriftsteller Jacques Prévert, Guy de Maupassant und der große Gustave Flaubert gehören zu den Geistesgrößen der Normandie, ebenso der Staatsphilosoph Alexis de Tocqueville. Auch Musiker wie Erik Satie und Kinostars wie der Regisseur Jacques Rivette, die Schauspieler Jean Marais und Laetitia Casta sind hier geboren. Claude Monet, Edgar Degas, Eugène Boudin oder Camille Pissarro stellten hier ihre Staffeleien auf und erfanden die Malerei neu: Licht und Landschaft der Normandie wurden die Wegbereiter des Impressionismus.

PFERDE

Mehr als ein Drittel aller französischen Pferde werden in der Normandie geboren. Gezüchtet werden Renn- und Reitpferde, Lastentiere für die Landwirtschaft und Schlachttiere. Pferdefreunde sollten nicht versäumen, im berühmten Gestüt Haras du Pin bei Argentan von Juni bis September die Pferdeparade zu erleben. Schon seit dem Jahr 1715 werden hier edle Pferde gezüchtet; eine moderne, multimediale Ausstellung vermittelt umfassende Informationen rund um das Pferd. Der zweite Haras National der Normandie befindet sich in Saint-Lô.

BÜCHER & FILME

Madame Bovary – Ein Klassiker der französischen Literatur ist dieser weltberühmte Roman des in Rouen geborenen Gustave Flaubert.

Auf der Suche nach der verlorenen Zeit – Dieser Schlüsselroman des 20. Jh.s von Marcel Proust spielt größtenteils in der Normandie.

Guy de Maupassant – Der auf Schloss Miromesnil geborene Schriftsteller ließ sich in vielen seiner Werke von der Normandie inspirieren.

Die Brandungswelle – In dem Roman erzählt die 1961 geborene Schriftstellerin Claudie Gallay die Geschichte zweier Menschen, die persönliche Tragödien in ein entlegenes Fischerdorf auf der Halbinsel La Hague führen. Sehr fesselnd und atmosphärisch – beim Lesen glaubt man, das Salz in der Luft zu riechen.

Lesereise Normandie: Der Austernzüchter lädt zum Calvados – In Porträts und Reportagen zeichnet die Journalistin Stefanie Bisping ein facettenreiches Bild der Region.

Der Soldat James Ryan – Steven Spielbergs Antikriegsfilm wurde zum Teil an Originalschauplätzen gedreht. Er schildert in beeindruckender Weise die Heftigkeit der Kämpfe während und nach der alliierten Landung 1944.

Ein Mann und eine Frau – Als cineastisches Meisterwerk gilt Claude Lelouchs Film von 1966, der im Rahmen einer der schönsten Liebesaffären der Filmgeschichte auch eine Ode an Lelouchs Fetischort Deauville darstellt.

Arsène Lupin – Die Krimis von Maurice Leblanc aus Rouen um den Meisterdieb sind Klassiker.

HONFLEUR

(🕮 2/A3) **Malerisch im ganz wörtlichen Sinn: Claude Monet stellte in ★ Honfleur (8300 Ew.) seine Staffelei auf, Eugène Boudin genauso und viele andere nach ihnen.**

Bis heute, denn die Hafenstadt an der Seinemündung hat nichts von ihrem Charme verloren – auch wenn man sich diesen an Wochenenden und in den Ferien mit unzähligen anderen, vor allem Pariser Besuchern teilen muss.

Rund um das Hafenbecken *Vieux Bassin* von 1681 herrscht noch echtes nautisches Ambiente. Reichlich Galerien, Restaurants und Cafés haben sich in den schmalen, schieferverkleideten Häusern eingerichtet. Am Kai bestimmt ein buntes Gemisch aus Fischerbooten, Jachten und Segeloldtimern die Szenerie. Die Fachwerkhäuser im romantischen Viertel *Sainte-Catherine* rund um die gleichnamige Holzkirche kommen einer Einladung zum Bummeln gleich.

Sehenswert in der Rue de la Ville sind die beiden erhalten gebliebenen *Salzspeicher* von 1670, in denen einst 10 000 t Salz eingelagert werden konnten, das von den hiesigen Neufundlandfischern zur Konservierung des Kabeljaus und zur Versorgung von Paris benötigt wurde.

SEHENSWERTES

LES MAISONS SATIE

Eine szenografische Hommage an den 1866 in Honfleur geborenen Komponisten Erik Satie. Das Museum vermittelt performanceartig nähere Bekanntschaft mit Werk, Leben und Geist des avantgardistischen Musikers, der Einfluss auf Débussy und Strawinsky und auf heutige Musiker wie Brian Eno hatte. *67, Blvd. Charles V | Mai–Sept. Mi–Mo 10–19, Okt.–Dez. und Mitte Feb.–April 11–18 Uhr | 6,50 Euro, mit Pass Musée für alle vier Museen Honfleurs 12 Euro*

MONT JOLI

Über eine Serpentinenstraße westlich der Stadt erreicht man die Kapelle *Notre-Dame-de-Grâce (tgl. 8.30–17.30 Uhr)* aus dem 17. Jh. mit ihrem schiefergedeckten Turm. Vom Platz vor der Pilgerkapelle haben Sie einen herrlichen Rundblick auf Honfleur, die Seinemündung und den Pont de Normandie.

MUSÉE EUGÈNE BOUDIN

Bedeutende Sammlung vorimpressionistischer und zeitgenössischer Gemälde sowie eine Ausstellung normannischer Trachten. *Place Erik Satie | Mitte März–Sept. Mi–Mo 10–13 und 14–18, Okt.–Dez. und Mitte Feb.–Mitte März Mi–Mo 14.30–17.30, Sa/So auch 10–12 Uhr | 7,50 Euro, mit Pass Musée für alle vier Museen Honfleurs 12 Euro*

PONT DE NORMANDIE ★

Östlich von Honfleur spannt sich die atemraubende Schrägseilbrücke auf gut 2 km über die Seinemündung. Von der Brückenmitte tolle Aussicht auf den Mündungstrichter. Um dieses Panorama genießen zu können, nehmen Sie am besten einen Mietwagen, parken bei der Ausfahrt Honfleur auf dem Parkplatz am Südufer und folgen rechts des Supermarkts Leclerc der Beschilderung. Entscheiden Sie sich nur vorher für die richtige Seite des Flusses: im Norden die offene Seinemündung, im Süden

Wie einst tummeln sich im Hafen von Honfleur zahlreiche Boote

Aus Holz gebaut: Sainte-Catherine in Honfleur

das Hinterland. *Zu Fuß oder per Rad kostenlos, mit Auto einfach 5,40 Euro, So hin und zurück 7,60 Euro*

SAINTE-CATHERINE

Die außergewöhnliche Holzkirche aus dem 15. Jh. in der Altstadt besteht aus zwei parallelen Schiffen und einem getrennt stehenden, mit Kastanienholzschindeln verkleideten Glockenturm. Eigentlich als Provisorium errichtet, berührt sie durch ihre Schlichtheit. *Tgl. 8.30–18 Uhr, Kirchturmbesichtigung in Verbindung mit Musée Boudin*

CRÊPERIE

LA CIDRERIE

Schöne Crêperie im Herzen der Altstadt. Die Qualität der Crêpes hat sich herumgesprochen, meist ist es also voll (und laut!). *Im Sommer tgl., sonst Di/Mi geschl. | 26, place Hamelin | Tel. 02 31 89 59 85 | www.creperie-lacidrerie-honfleur.com | €*

EINKAUFEN

Käsespezialitäten auf Basis von Kuh-, Schafs- und Ziegenmilch (und die passenden Weine) führt *La Fromagère et le Vigneron (29, rue de la République). Gribouille (16, rue de l'Homme de Bois)* bietet neben einer schier unglaublichen Vielfalt an (vor allem alkoholischen) Getränken aus Äpfeln auch andere Produkte der Region wie hausgemachte Konfitüren. Rund ums Hafenbecken versammeln sich zahlreiche interessante Kunstgalerien.

LE HAVRE

Die an der Nordseite der 9 km breiten Seinemündung liegende große ★ Hafen- und Industriestadt (193 000 Ew.) verdankt ihre Gründung (1522) und Entwicklung der Verlandung des flussaufwärts liegenden alten Hafens von Harfleur.

Heute ist Le Havre der wichtigste Außenhandels- und Containerhafen Frankreichs und ein wichtiger Verkehrsknotenpunkt. Die Englandfähre erreicht von hier nach etwa fünf Stunden Portsmouth, der Katamaran sogar in dreieinviertel Stunden. Kreuzfahrtschiffe legen regelmäßig am einstigen Transatlantikterminal an.
1945 wurde die Stadt fast vollständig zerstört und unter der Regie des Architekten und „Poeten des Beton" Auguste Perret, zu dessen Schülern Le Corbusier gehörte, in der Folge neu aufgebaut. Er löste diese schwierige Aufgabe wider alle Kritik mit Bravour: Der mit 150 ha großzügige Innenstadtgrundriss vermittelt ein Gefühl von Weite und Schwerelosigkeit – passend zum Meer. Das Ensemble mit seinen 12 000 Wohnungen, Geschäften, Verwaltungs-, Kultur- und religiösen Einrichtungen gehört zum UNESCO-Welterbe. Eine neue Brücke hat die alten Trockendocks in Reichweite der Innenstadt gerückt. Seither wurde das *Quartier de l'Eure* zu einem lebendigen Viertel mit Ladenpassagen, Cafés, Kinos, Hotels und Büros. Heute schwer vorstellbar: Le Havre ist auch die Wiege des Impressionismus. Claude Monet malte sein „Soleil levant" hier, nahe der Stelle im Hafen, wo sich heute der Kontrollturm Semaphor erhebt.

SEHENSWERTES

ESPACE OSCAR NIEMEYER *(6/B3)*

Schon von Weitem erkennen Sie den *Volcan.* 1982 errichtet, prägt er das Gesicht des nach dem brasilianischen Architekten benannten Platzes. Der Kulturkomplex beherbergt das Theater *Le Volcan (www.levolcan.com)* und die *Bibliothek Oscar Niemeyer.* Direkt gegenüber das alte Hafenbecken *Bassin du Commerce* mit dem internationalen Handelszentrum.

FÜHRUNGEN & TOUREN *(6/B3)*

Das Office de Tourisme bietet zur Architektur Perrets den INSIDER TIPP **Besuch eines Musterappartements** *(appartement témoin)* an. Dabei erfahren Sie Interessantes über Designkunst, optimale natürliche Ausleuchtung, integrierte Küchen und Bäder, Zentralheizung via Pressluft oder zeitgenössische Komfortausstattung. Treffpunkt: *Maison du Patrimoine | 181, rue de Paris | Mo–Do 15, 16, 17, Fr 11, 15, 16, 17, 18, Sa/So 11, 14, 15, 16, 17 Uhr, Di 15 Uhr zweisprachige Führung frz./dt. | Reservierung empfohlen unter Tel. 02 35 22 31 22 | 5 Euro*
Eine 75 Minuten lange Hafenrundfahrt durch den alten Hafen oder den Port 2000 können Sie auf einem Motorboot unternehmen *(Termine und Buchung Tel. 06 16 80 24 19 | www.visiteduport-lehavre.fr | 14 Euro).*

HAFEN

Der Seehafen Le Havres mit 1100 Becken und 30 km Kais ist immens. Er erstreckt

LOW BUDG€T

Große Werke des Impressionismus umsonst und aus nächster Nähe betrachten Sie an jedem ersten Samstag im Monat im *Musée Malraux* in Le Havre. Auch die hohe Kunst der Innenarchitektur steht Ihnen im dortigen *appartement témoin* am gleichen Tag kostenlos offen.

Kunst am Denkmal: Im Sommer organisiert die Stadt Rouen seit einigen Jahren ein nach Einbruch der Dunkelheit auf die Kathedralenfassade projiziertes, modernes Licht- und-Ton-Spektakel – gratis!

NOR(D)MANNEN

Mit kleinen, wendigen Schiffen kamen sie aus dem Norden über das Wasser, überfielen immer wieder das Land und raubten, was sie bekommen konnten: die Wikinger. Dabei nahmen sie nicht die Normandie allein für ihre Raubzüge aufs Korn – weite Teile Europas zitterten vor ihnen. Als die Wikinger des Kommens und Gehens müde waren, begannen sie, sich anzusiedeln, und wurden zu Beginn des 10. Jhs. unter ihrem Anführer Rollo zu einem starken Machtfaktor im Land. Rollo ließ sich taufen und wurde als Robert erster Herzog der Normandie. Damit vollzog sich die Geburtsstunde des Lands, das nunmehr aufblühte.

sich auf einem 5 km breiten Streifen über 27 km von West nach Ost und bedient mit 75 regelmäßigen Linien 500 Seehäfen in der ganzen Welt. Mit mehr als 16 000 Arbeitsplätzen ist der Hafen auch ein bedeutender Arbeitgeber. Die Terminalkais seines Containerhafens Port 2000 nehmen die weltgrößten Containerfrachter auf.

HÔTEL DE VILLE *(🕮 6/B-C2-3)*

Nur ein paar Schritte vom Espace Oscar Niemeyer erstreckt sich die große *Place de l'Hôtel de Ville* zu Füßen des an sozialistische Bauten erinnernden Rathauses mit seinem 72 m hohen Panoramaturm. In den Grünanlagen an ihrem Rand erinnert ein Ehrenmal an die Résistance.

MAISON DE L'ARMATEUR *(🕮 6/C4)*

Eine mondäne Reedervilla aus dem 18. Jh. im Herzen der Innenstadt wurde mit viel Geschick und Geschmack zum Museum für Stadtgeschichte umgewandelt. *3, quai de l'Île | April–Okt. Mi–Mo 10–12.30 und 13.45–18, Nov.–März 10.30–12.30 und 13.45–17.30 Uhr | 5 Euro*

MUSÉE D'ART MODERNE ANDRÉ MALRAUX *(🕮 6/B4)*

Im hellen Glas-, Stahl- und Betonbau des Kunstmuseums präsentieren sich beeindruckende Sammlungen, z. B. des Impressionismus (etwa 300 Werke von Boudin, sechs Monets, sieben Pissarros), des Fauvismus oder der Kubisten. In den Wintermonaten können Sie vom Museumscafé aus Sonnenuntergänge über dem Meer und die INSIDER TIPP **Ausfahrt großer Schiffe beobachten.** *2, blvd. Clémenceau | Mo, Mi, Do, Fr 11–18, Sa/So 11–19 Uhr | 10 Euro, 1. Sa im Monat frei | www.muma-lehavre.fr*

NOTRE-DAME *(🕮 6/C4)*

Eines der wenigen erhaltenen Gebäude aus der Gründerzeit Le Havres. Die Kathedrale aus dem 16. Jh. weist wegen mehrfacher Beschädigung keinen einheitlichen Baustil auf. Daher wirkt sie einerseits gotisch, die Fassade jedoch zeigt bereits starke Renaissanceeinflüsse. Nach dem Zweiten Weltkrieg wurde die Kirche restauriert. *Tgl. 9–12 und 14–18 Uhr*

SAINTE-ADRESSE

Die früher blühende Hafenstadt, ein Vorort von Le Havre an der Küstenstraße nach Étretat, ist heute ein Seebad, das den Besuch u. a. wegen des schönen Rundblicks vom Aussichtspunkt bei der neugotischen Kapelle Notre-Dame-des-Flots lohnt. Vorgelagert sind die Felsformationen des Cap de la Hève sowie das alte Fort de Sainte-Adresse.

SAINT-JOSEPH *(🕮 6/B3)*

Als Auguste Perret den Auftrag erhielt, die komplette City Le Havres wieder aufzubauen, ersetzte er auch diese im Krieg zerstörte Pfarrkirche. Logisch, dass auch sie aus Beton erbaut ist – 50 000 t wurden verbaut. Sie erinnert auch an die Menschen, die in der Stadt im Zweiten Weltkrieg ihr Leben ließen. Ihr 109 m hoher, achteckiger Turm, weithin wie ein Leuchtturm sichtbar, erinnert an die maritime Bedeutung der Stadt. Die 6500 bunten Glasfenster von Marguerite Huré tauchen den Innenraum je nach Sonnenstand laufend in ein anderes Licht. *Tgl. 10–18 Uhr*

ESSEN & TRINKEN

COUNTRY CLUB *(🕮 6/A1)*

Der Name klingt nach teuer und exquisit und auch die tolle Aussicht auf die Seinemündung lässt gesalzene Preise befürchten. Aber keine Angst: Das solide Dreigängemenü ist bezahlbar. Fisch und Meeresfrüchte bilden das Rückgrat der Karte, Fleischliebhaber bestellen Kalbskopf oder Geflügel. *So-Abend und Mo geschl. | 26, rue du Fort | Tel. 02 35 44 10 00 | www.countryclub.fr |* €–€€

LES GENS DE MER *(🕮 6/B3)*

Einfacher Fliesenboden und Holzstühle, dazu Maritimes an der Wand: Gegenüber der Markthalle und unweit des alten Hafenbeckens bietet das Restaurant nicht nur *gens de mer* (Seeleuten) abwechslungsreiche und vor allem preiswerte Küche mit frischen Zutaten aus den nahen Fluten. *Tgl. | 44, rue Voltaire | Tel. 02 35 41 35 32 | gdmlehavre.popinns.com |* €–€€

PETITE AUBERGE *(🕮 6/A1)*

Auch Einheimische lassen sich in diesem Fachwerkhaus mit traditioneller Küche aus lokalen Zutaten verwöhnen. *Mi-Mit-*

Eigenwillig ist die Konstruktion des Turms von Saint-Joseph

tag, So-Abend und Mo geschl. | 32, Rue Sainte-Adresse | Tel. 02 35 46 27 32 | www.lapetiteauberge-lehavre.fr | €€€

LA PETITE RADE

Das Restaurant mit Bar lockt mit einer schönen Terrasse mit Meerblick und schneller, guter Küche (Tapas, Burger, Wraps) sowie Cocktails. *Tgl. | 3 bis, chemin de la Mer | Tel. 02 35 54 68 80 | €*

Dramatisch fallen die Kalksteinklippen bei Étretat ins Meer ab

ÉTRETAT

(*2/A2*) **Aus einem stillen Fischerdorf hat sich ein lebendiger Badeort (1600 Ew.) entwickelt, der viele Besucher anzieht – vor allem wegen der grandiosen Naturkulisse aus weißem Kalkgestein links und rechts des Kieselstrands.** Der Ort hat eine schön restaurierte hölzerne Markthalle (unten verkaufte man Waren, oben zählte man Geld). Sehenswert ist auch das Château Les Aygues mit Parkanlage, das Mitte des 19. Jh.s errichtet wurde und heute im Sommer im Rahmen von Führungen besichtigt werden kann *(Juli–Sept. tgl. außer Di | 8 Euro | route de Fécamp | www.chateaulesaygues.com)*.

Westlich erhebt sich das Kap *Falaise d'Aval* mit Blick auf die Felsnadel *Aiguille* und den aus den Klippen ins Meer hineinragenden Torbogen *Manneporte*. Und auf der östlichen Seite ermöglicht die INSIDER TIPP *Falaise d'Amont* einen herrlichen Rundblick auf den Ort und die fotogenen Gesteinsformationen gegenüber. Die dort in den Himmel ragende Spitze erinnert an die wagemutigen Piloten Charles Nungesser und François Coli, die 1927 auf ihrem Atlantikflug nach New York noch vor Charles Lindbergh als Pioniere in die Luftfahrtgeschichte eingegangen wären – wenn sie nicht über Étretat das letzte Mal gesehen worden wären ... 4 km nordöstlich, am Cap de

Belval, gibt es mit der *Aiguille Belval* eine weitere eindrucksvolle Felsnadel zu bewundern.
Am Ortsausgang Richtung Le Havre in Le Valaine halten Agnès und der Deutsch sprechende Bernard Dherbécourt rund um ihren schönen *Manoir de Cateuil (Route du Havre | www.levalaine.com)* auf einer Fläche von immerhin ca. 20 ha etwa 60 Ziegen. Deren Milch wird vor Ort in Köstlichkeiten wie Käse, Eis oder Schokolade verwandelt – zusehen erwünscht, verkauft wird im Hofladen.

ZIELE IN DER UMGEBUNG

ABBAYE DE MONTIVILLIERS

Die Abtei am nordöstlichen Stadtrand wurde 684 gegründet, von den Wikingern zerstört, im 11. Jh. neu errichtet, bis 1792 Kloster, dann u. a. Gefängnis. Der audiovisuell gestaltete Rundgang vermittelt auf eindrucksvolle Weise Einblick in Tagesablauf, Räume und Alltagsutensilien der Nonnen. *Di–Fr 10–17 (April–Sept. bis 18 und auch Mo), Sa/So 14–18 Uhr | 5 Euro | www.abbaye-montivilliers.fr*

CHÂTEAU DE CANY

Knapp 60 km nordöstlich steht das stolze, im Stil Louis' XIII. errichtete Schloss aus dem 17. Jh. das von einem englischen Park umgeben ist und dem auch die Wirren der Französischen Revolution nichts anhaben konnten. Stimmungsvoll sind die INSIDER TIPP spätabendlichen Führungen *(Do 21.30 Uhr). Juli/Aug. Sa–Do 10–12 und 15–18 Uhr | 8 Euro*

ANLEGESTELLEN

▶ PARIS
Paris verfügt über mehrere Anlegestellen, u. a. am Quai de Grenelle und am Quai de St. Ouen in Saint-Denis.

▶ LES ANDELYS
Kreuzfahrtschiffe legen in Les Andelys zentrumsnah an.

▶ ROUEN
In Rouen legen Kreuzfahrtschiffe in der Nähe des Pont Flaubert an. Das Stadtzentrum ist gut 2 km entfernt.

▶ CAUDEBEC-EN-CAUX
Das Zentrum ist vom Schiffsanleger aus problemlos zu Fuß erreichbar.

▶ HONFLEUR
Das malerische Stadtviertel Vieux Bassin liegt ca. 2 km vom Kreuzfahrtanleger entfernt. Taxis stehen im Hafen zur Verfügung.

▶ LE HAVRE
Le Havre besitzt einen großen Hafen mit Kreuzfahrtterminal. Das Zentrum liegt in ca. 1,5 km Entfernung.

▶ MANTES-LA-JOLIE
Kreuzfahrtschiffe legen in Mantes-La-Jolie in der Nähe des Zentrums am linken Ufer der Seine am Quai des Cordeliers an.

▶ VERNON
Vom Kreuzfahrtanleger ist das Zentrum von Vernon problemlos zu Fuß zu erreichen.

Weitere Anlegestellen befinden sich in Conflans-Sainte-Honorine und Poissy.

ESSEN & TRINKEN

Das normannische Küchencredo ist kurz und bündig: Man isst gerne, viel und gut. Praktischerweise findet sich in der Nachbarschaft nahezu alles, was man an frischen Zutaten dazu braucht.

Überall begegnen Sie grasenden Kühen, die durch ihre Grundfarbe Beige auffallen. Sie sind meist dunkelrot bis braun gefleckt. Die *vache normande,* ursprünglich eine Kreuzung verschiedener Milchvieharten zur Ertragsoptimierung, bildet mit ihren ***Milchprodukten*** von Rahm über Butter bis zu diversen Käsesorten die köstliche Basis der Küche.

Die normannische Küche ist erdverbunden, so wie sich die Normannen selbst meist eher als Landmenschen denn als Küstenbewohner verstehen, und trägt stets stark lokal geprägte Charakterzüge. Die enorme Fruchtbarkeit der Region bringt ihr in der Produktion von Gemüse und Salat eine Spitzenstellung ein, Rohkostsalate *(crudités)* stehen ebenso oft auf der Karte wie – vor allem auf dem Land – ***Gemüsesuppen***, die mittlerweile auch die Jugend wiederentdeckt.

Das milde Klima erlaubt es, Rinder fast ganzjährig auf der Weide zu belassen. Deren Fleisch schmeckt daher besonders aromatisch. Dies gilt auch für das ***Salzwiesenlamm***, das *agneau des prés salés,* berühmt vor allem am Mont-Saint-Michel, wo es auf regelmäßig vom Meer überspülten Marschen weidet. Geflügel wird oft frei gehalten und mancher wird hier (wieder) entdecken, wie gut ein Huhn – oder auch dessen Ei – schmecken kann.

Der herbstliche Beginn der Fangsaison von ***Jakobsmuscheln*** vor der Küste ist für viele ein ähnlich herbeigesehntes Ereignis wie andernorts die Ankunft des Beaujolais Primeur. Austern hingegen werden auch in der Normandie normalerweise nicht mehr wild abgeerntet – an vielen Orten des Cotentin und nahe der Seinemündung ist man zur Zucht übergegangen. Auf ***Austernbänken*** (eigentlich eher Tischen) zieht man sie in Säcken auf. Das Meer zeichnet dann für das Gedeihen des exquisiten und gesunden Schalentiers verantwortlich, das bei jeder Flut aufs Neue überspült und mit nahrhaftem Plankton versorgt wird. Ähnlich ist es bei den ***Miesmuscheln***, die vor allem am Mont-Saint-Michel als Pfahlmuscheln *(moules des bouchots)* an 4 m hohen, im Watt versenkten Eichenpfählen gezüchtet werden.

Der wohl berühmteste normannische ***Käse*** ist der Camembert in der typischen Spanholzverpackung, den man klassischerweise ohne Rinde zu grünem Salat

Camembert, Cidre und Calvados: Zu den drei großen C der *cuisine normande* gesellt sich ein viertes – die eigentlich bretonische Crêpe

genießt. Doch auch der oft in Herzform hergestellte Neufchâtel aus dem Ort Neufchâtel-en-Bray, der ebenfalls nach seinem Produktionsort benannte, leicht salzige Weichkäse Pont-l'Évêque und der kräftige, orangerote, in fünf Schilfbänder eingerollte Livarot zählen zu den herausragenden normannischen Käsesorten. Beim ***Camembert*** schwören Eingeweihte auf den *Camembert de Normandie AOC* oder *AOP (Appellation d'Origine Contrôlée* bzw. *Protégée).* 2008 hat eine Schutzvereinigung durchgesetzt, dass echter Camembert zur Erlangung der kontrollierten Herkunftsbezeichnung aus Rohmilch *(lait cru)* hergestellt werden muss und keinesfalls aus pasteurisierter Milch. Einige Firmen wollten diese Bedingung aus Kosten- und Strategiegründen kippen – die USA z. B. verbieten nach wie vor den Import von Rohmilchkäse.

Äpfel und Birnen sind Basis für viele alkoholische Getränke, vor allem für ***Cidre und Calvados***, die ursprünglich aus Nordspanien stammen und über die Bretagne und die Britischen Inseln hierherkamen. Auch wenn Cidre heute nicht mehr so selbstverständlich zum Alltag der Region gehört wie einst, ist der vergorene Apfelmost zumindest Symbol für normannische Lebensart. Und er ist nach wie vor Ausgangsprodukt für die Destillation zu Calvados.

SPEISEN

bœuf braisé à la normande – in Cidre und Calvados marinierter Rinderbraten

canard à la rouennaise – geröstete Ente mit Sauce aus Entenblut, Rotwein und einem kräftigen Schuss Calvados

coquilles Saint-Jacques de Granville – Jakobsmuscheln in einer Sauce aus Sahne und Muschelsud mit Schnittlauch

crêpe normande – mit Zucker, Sahne und eventuell Apfelringen bedeckt und mit Calvados am Tisch flambiert

tarte normande/tarte aux pommes – dünnteigiger Apfelkuchen mit Crème fraîche unter den Äpfeln

LOIRE

Diese Pracht lässt keinen kalt: 365 Kamine, unzählige Türmchen und 426 Räume in einem Haus. Das mächtige Schloss von Chambord steht als Symbol für den ungeheuren Reichtum, den Fürsten, Herzöge und Könige in Mittelalter und Renaissance in das Tal der Loire brachten.

Die Loire, mit einer Länge von über 1000 km größter Strom Frankreichs, Europas letzter wilder, im Unterlauf ab Roanne noch nicht von Staustufen und Kanälen gebändigter Fluss, bietet heute noch den Stoff, aus dem Träume gemacht werden. 2000 wurde er zwischen Sully und Chalonnes von der UNESCO zum Welterbe erklärt. Das Tal der Loire und die Ufer ihrer Seitenflüsse wie Cher, Indre, Loir, Sarthe und Vienne sind voller kleiner Kostbarkeiten, die sich aber nur den Reisenden erschließen, die Muße und Neugier mitbringen.

ORLÉANS

(8/D1) **Jeanne d'Arc hat Orléans zur wohl bekanntesten Stadt im Loire-Tal gemacht. Noch heute ist die Erinnerung an die Befreierin von 1429 in der Stadt allgegenwärtig.**

Aber Orléans (113 000 Ew.) verharrt keineswegs in der Vergangenheit: Das Büro- und Gewerbeviertel in zum Teil sehr anspruchsvoller Industriearchitektur im Osten, das Universitätsviertel *La Source* mit dem 35 ha großen Landschaftsgarten *Parc Floral de la Source,* die

Bild: Wie eine Märchenkulisse wirkt der Blick über die Loire auf Saumur

Ruhm und Glanz vergangener Zeiten: Die Schlösser um Blois und Orléans sind die Höhepunkte einer Reise an die Loire

hypermoderne Mediathek an der Place Gambetta oder die Place Martroi mit ihren Straßencafés und Restaurants rund um das Reiterstandbild der Jeanne d'Arc zeigen, dass das einstige Handelszentrum heute zu den dynamischen Städten des Landes zählt.

SEHENSWERTES

HÔTEL GROSLOT ★

Im Renaissancehaus aus Backstein, das Jacques Groslot um 1550 gebaut hat, residieren seit der Französischen Revolution die Bürgermeister von Orléans. Vor dem Portal steht eine Statue der Jeanne d'Arc, die die Prinzessin Marie d'Orléans im 19. Jh. geschaffen hat. Sehenswert ist die kostbare Inneneinrichtung mit einer Holztruhe, die Louis XI. den Mönchen von St-Aignan geschenkt hatte. Im berühmten und beliebten Hochzeitssaal *(salle de mariage)* starb 1560 François II. im Alter von nur 17 Jahren. *Tgl. 9–18 Uhr | Eintritt frei | place de l'Etape*

LOW BUDG€T

Wie überall in Frankreich feiert auch auf dem Stadtgebiet von Orléans die gute alte Straßenbahn *(Tramway)* eine Renaissance. Zwei Linien decken das ganze Stadtgebiet ab und machen bei einem Preis von 1,50 Euro Lust auf die Erkundung per Bahn. Auf dem Weg zum Freizeitparadies *Parc de la Source* dürfen sogar Fahrräder mitgenommen werden.

KATHEDRALE STE-CROIX

Gut 600 Jahre lang wurde an der Kathedrale gebaut. Die offizielle Einweihung fand am 8. Mai 1829 statt, dem 400. Jahrestag der Befreiung Orléans' durch Jeanne d'Arc. Das Gotteshaus im gotischen Stil zeichnet auch auf den zeitgenössischen Glasfenstern die Geschichte der heiligen Jungfrau nach. Interessant ist auch die Rosette im Querschiff, die mit ihrer Sonne Louis XIV. huldigt. Von Mai bis September sind die Türme geöffnet. Wer die 241 Stufen hinter sich bringt, dem eröffnet sich ein herrlicher Blick über die Stadt. *In der Hauptsaison Führungen | Eintritt frei*

MUSÉE DES BEAUX-ARTS

Eines der reichsten Kunstmuseen in Frankreich glänzt v. a. mit Meisterwerken des 18. Jh.s *Di–Sa 10–12.15, 13.30–18, So 10–12.15 Uhr | Eintritt 4 Euro | 1, rue Ferdinand Rabier*

INSIDER TIPP LES TURBULENCES

Resolut zeitgenössische Kunst und Architektur zeigt der *Fonds Régional d'Art Contemporain (FRAC)* in einem spektakulären Gebäude von Jakob und MacFarlane mit einer Lichtinstallation von Electronic Shadow auf einem ehemaligen Militärgelände im Westen der Altstadt. Der Bau trägt seinen Namen *Turbulences* (Turbulenzen) zu Recht. *Mi–So 12–19 Uhr | Eintritt 4 Euro | 88, rue du Colombier | www.frac-centre.fr*

EINKAUFEN

Rund um die *Rue de Bourgogne*, zwischen Kathedrale und Loire, gibt es Boutiquen und Feinschmeckerläden in Hülle und Fülle.

ZIELE IN DER UMGEBUNG

ST-BENOÎT-SUR-LOIRE ★

Blendend schöne romanische Basilika aus dem 11./13. Jh. in der *Benediktinerabtei Fleury*, die bereits im 7. Jh. gegründet wurde. Der Portalvorbau des Glockenturms und der Chor von St-Benoît-sur-Loire sind Musterbeispiele romanischer Architektur. Das Kloster der Benediktiner in dem kleinen Dorf knapp 40 km südöstlich von Orléans war zur Zeit Karls des Großen geistlicher Mittelpunkt des Landes. Ein paar Kilometer weiter, am rechten Loire-Ufer, steht mit dem karolingischen Oratorium von *Germigny-des-Prés* aus dem frühen 9. Jh. ein weiteres Schmuckstück der Architektur.

Für Théodulphe, den Abt von Fleury, errichtete der armenische Architekt Odo, dem die Aachener Pfalzkapelle zugeschrieben wird, den Gebetsort mit einem erst 1840 wiederentdeckten Mosaik aus 130 000 blauen, purpurnen, weißen, grünen, schwarzen und vergoldeten Steinchen. *Mo–Sa 12, So 11 Uhr (im Winter 11.30 Uhr) Gottesdienste mit gregorianischem Gesang in der Abteikirche von St-Benoit | das Oratorium von Germigny ist tgl. bei freiem Eintritt zu besichtigen | www.abbaye-fleury.com*

SULLY-SUR-LOIRE

Im kleinen Städtchen (6000 Ew.), 50 km südöstlich von Orléans, fängt das von der UNESCO in die Welterbeliste aufgenommene Gebiet des Loire-Tals an. Das aufwendig renovierte Wasserschloss ★ *Château de Sully* mit seinen vier runden Ecktürmen wurde im 18. Jh. Zufluchtsort für Voltaire, dessen Komödien im extra eingerichteten Theatersaal aufgeführt wurden. Ein Schmuckstück der Handwerkerkunst ist das oberste Geschoss im *donjon,* dem Wohnturm: Aus Eichenholz haben die Zimmerleute des Mittelalters ein beeindruckendes Dachgebälk (14. Jh.) geschaffen. Seine heutige Form erhielt das Schloss, das auf eine weitaus ältere Vorgängerburg zurückgeht, zu Beginn des 17. Jh.s. und auch von außen bietet das von Wasser umgebene Gebäude einen wunderschönen Anblick *(April–Sept. tgl. 10–18, Okt.–März 10–12 und 14–17 Uhr | Eintritt 7 Euro).* Infos zum Städtchen unter: *place du Général de Gaulle | Tel. 02 38 36 23 70 | www.sully-loire-sologne.fr*

BLOIS

(*8/C2*) Diese Ansicht wird sich Ihnen tief ins Gedächtnis graben: die große Brücke über die Loire, die Häuser am Flussufer, die Kathedrale und darüber die Mauern des Schlosses.

Blois (52 000 Ew.) ist aber weit mehr als nur einstige Königsresidenz. Das werden Sie feststellen, wenn Sie über die monumentale Treppe, den *Escalier Denis Papin* – zu Ehren des Mathematikers (1647–1714), der als Erfinder der Dampfmaschine gilt – , am Tor zur Innenstadt spazieren, wenn Sie durch die engen Gassen und herrlichen Parkanlagen Blois' flanieren oder die sakralen Bauwerke mit ihren Glasmalereien bewundern.

Die Kathedrale dominiert das Stadtbild von Orléans

Ungewöhnlich: der Wendeltreppenturm des Château de Blois

SEHENSWERTES

CHÂTEAU DE BLOIS ★

Über vier Jahrhunderte haben Herrscher die Stadt um- und ausgebaut. Aus dem Mittelalter ist nur ein Gebäude geblieben, das mit dem Generalständesaal *(salle des états généraux)* aber den größten gotischen Raum Frankreichs aus dem 13. Jh. beherbergt. Aus Back- und Sandsteinen ließ sich Louis XII. im 15./16. Jh. einen Flügel errichten, der erste italienische Einflüsse zeigt. Im 1. Stock ist heute das *Musée des Beaux-Arts* mit Gemälden der Renaissancezeit untergebracht.
Spektakulärstes und bekanntestes architektonisches Detail des Schlosses ist der *Wendeltreppenturm* aus der Renaissance, den François I. zwischen 1515 und 1520 bauen ließ. Die ehemalige Küche des Flügels beherbergt heute das *Archäologische Museum* und das *Lapidarium.* Ein Meisterwerk klassizistischer Architektur wiederum ist der aus den Jahren 1635 bis 1638 stammende Flügel von Gaston d'Orléans. Trotz der unterschiedlichen Stile ist das Schloss von Blois eine harmonische Einheit geworden. Sehenswert, auch wegen der vielen Geheimfächer, in denen sie ihre Gifte aufbewahrt haben soll, ist zudem das Schlafzimmer von Katharina von Medici, der Frau von Henri II., Mutter der Könige François II., Charles IX. und Henri III., die 1589 in Blois starb. Beeindruckend ist das Königszimmer, in dem der katholische Herzog von Guise 1588 auf Geheiß von Henri III. ermordet wurde. Auf dem *Schlossplatz* ließ Jeanne d'Arc auf dem Weg nach Orléans 1429 ihre Standarte vom Bischof weihen. *Im Winter tgl. 9–12.30 und 13.30–17.30, April–Okt. tgl. 9–18.30, Juli, Aug. bis 19 Uhr | 10 Euro | April–Ende Sept. tgl. Licht-Ton-Schau (Son et Lumière) im Schlosshof ab 22 Uhr (Juni, Juli 22.30 Uhr), Mi auf Englisch, Kombiticket Schloss/Schau 15,50 Euro*

INSIDER TIPP FONDATION DU DOUTE

Fluxus-Altmeister Ben Vautier führt Regie im Museum, das der Performancekunst der 1960er- und 1970er-Jahre mit Künstlern wie Nam June Paik, Yoko Ono, Ben Patterson und Wolf Vostell huldigt. Im Café *Le Fluxus (€)* gibt es als Snacks tolle Kreationen zum selben Thema. *Winter Mo–Do, Sommer Mo, sonst Mo/Di geschl., 14–18.30 Uhr | 7 Euro | 14, rue de la Paix | www.fondationdudoute.fr*

MAISON DE LA BD

Für die Fans der in Frankreich populären Comics (Bande Dessinée bzw. BD) hat der Verein *BD Boum* ein kleines Museum eingerichtet, das Workshops organisiert und die Geschichte der gezeichneten Geschichten erklärt. Sonderausstellungen und im Nov. ein dreitägiges Festival. *Di–Sa 9.30–12 und 14–17.30 Uhr | Eintritt frei | 3, rue des Jacobins | www.bdboum.com*

EINKAUFEN

In der *rue du Commerce* verkauft neben Star-Chocolatier *Max Vauché (Nr. 50) Eric Saguez* in seiner Boutique exquisite Schokolade und Kuchen *(Nr. 74)*. Wenige Schritte weiter hat Bernard Barou seine *Maison du Cake (3 bis, rue Henry Drussy)* mit Spezialitäten aus Biozutaten eröffnet und gleich nebenan bietet *La Cave Louis XII (10, rue Emile Laurens)* beste Käsesorten und Weine der Region an. Von März bis Sept. gibt es freitags von 17–21 Uhr einen *Biomarkt* im Vienne-Viertel am linken Loire-Ufer *(Quai Amédée Contant)*.

ZIELE IN DER UMGEBUNG

CHAMBORD ★ (8/C2)

Diese Architektur sprengt alle Maßstäbe. Sicher ist es zwar nicht, doch es spricht alles dafür, dass Leonardo da Vinci, ab 1516 Gast von König François I. in Frankreich, an den Plänen für das Jagdschloss von Chambord 16 km östlich von Blois mitgearbeitet hat. Der Stil der italienischen Renaissance beschert dem 156 m langen und 56 m hohen Koloss Leichtigkeit und Harmonie. Sehenswert die berühmte Doppelwendeltreppe im zentralen *donjon,* dem Wohnturm des Mittelalters, herrlich der Panoramablick von der Dachterrasse auf den noch heute von Mauern umschlossenen Park, der so groß wie die Innenstadt von Paris ist, interessant die Möblierung, die den verschiedenen Epochen entspricht, die Schloss Chambord erlebt hat.

François I. verbrachte gerade mal 72 Tage seines Lebens mit seinen Jagdgesellschaften auf dem Prachtschloss. Die königliche Karawane umfasste gut 15 000 Menschen und 12 000 Pferde, darunter das *escadron volant* von Königinmutter Katharina von Medici, die aus der Aristokratie die schönsten Mädchen für ihr charmantes, verführerisches „Damengeschwader“ rekrutierte. Sonnenkönig Louis XIV. lud Molière für

SON ET LUMIÈRE

1952 entdeckten Lichttechniker die Fassade von Schloss Chambord als Projektionsfläche für ihre Spielereien. Chambord hat „Son et Lumière“ mittlerweile zwar aufgegeben, doch nach wie vor leisten sich Amboise, Azay-le-Rideau, Blois, Loches, Villandry und Bourges im Loire-Tal die schönsten Spektakel des Landes. Sie garnieren die Lichtspiele mit Schauspielern in Kostümen, setzen auf Kerzenlicht, lassen die Geschichte von berühmten Filmstars einsprechen und untermalen die Bilder mit maßgeschneiderten musikalischen Kompositionen – so als legten die Traumschlösser für die Nacht ihre Prachtroben an.

mehrere Komödienpremieren dorthin ein, der Marschall von Sachsen feierte rauschende Feste.

Chambord ist ganzjährig geöffnet *(tgl. 9–17.15, im Hochsommer bis 19.30 Uhr | Eintritt 11 Euro | www.chambord.org)* und bietet eine Fülle von Aktivitäten wie Konzerte, Märkte, Ausstellungen, Ausflüge im Geländewagen, mit dem Boot oder dem Fahrrad. Der Parkplatz vor dem Schloss ist übrigens für Besucher, die nicht das Schloss besichtigen, sondern nur den Park, Boutiquen und Restaurants zum Ziel haben, gebührenpflichtig *(4 Euro)*.

CHAUMONT-SUR-LOIRE ★ *(8/C3)*

Im frühen Mittelalter zuerst eine Festung, dann 1560 Verbannungsort für Diane de Poitiers, die Mätresse von Henri II., im 19. Jh. schließlich Lustschloss für begüterte Aristokraten: Das Schloss mit seinem großen Park hoch über der Loire, 16 km im Südwesten von Blois, ist heute in öffentlicher Hand, schafft den Spagat zwischen Kulturerbe, Natur, zeitgenössischer Kunst und ist seit 1992 Schauplatz des internationalen *Festival du Jardin* mit Gartenarchitekten aus der ganzen Welt, die Jahr für Jahr ihre Fantasie auf einer der rund 30 Parzellen ausleben. Die weitläufige Parkanlage wurde zwischen 1884 und 1888 grundlegend umgestaltet. Der beauftragte Landschaftsarchitekt Henri Duchêne legte, ganz im Stil des Zeitgeistes, der Epoche, einen Park im Stil eines englischen Landschaftsgartens an.

Luxuriös lebten auf diesem Schloss auch die Pferde: Die Stallungen gehen auf das Jahr 1877 zurück, waren zu ihrer Zeit europaweit die modernsten ihrer Art und boten Kutschpferden, edlen Vollblütern, Ponys sowie dem nötigen Inventar und Kutschen einen standesgemäßen Raum. *Domaine de Chaumont: Nov.–März tgl. 10–17, April–Sept. tgl. 10–18.30, Okt. tgl. 10–18 Uhr, Juli/Aug. bis 19 Uhr | Eintritt 9 Euro; Festival du Jardin: Ende April–Mitte Okt. tgl. 10–20 Uhr | Eintritt 10,50 Euro, Kombiticket 16 Euro | www.domaine-chaumont.fr)*.

Ausgezeichnete Gastronomie für alle Geldbörsen bieten die Restaurants auf dem Gelände wie *Le Grand Velum (Tel. 02 54 20 99 79 | €€)*, das auf Bioprodukte setzt.

CHEVERNY ★ *(8/C2)*

Das Musterbeispiel für die Eleganz der Renaissance 8 km südlich von Blois wurde 1634 nach 30 Jahren Bauzeit fertiggestellt und seitdem praktisch nicht mehr verändert. Die Familie de Vibraye, seit 1338 in Cheverny, hat das Schloss nie aufgegeben. Das ist sicher ein Grund dafür, dass der weiterhin bewohnte Herrensitz mit seinen Originalmöbeln, kostbaren Wandteppichen, einer prächtigen Gemäldesammlung, der riesigen Geweihsammlung und dem Waffensaal *(salle d'armes,* der größte Saal des Schlosses) wie aus einem Guss erscheint. Weil Comic-

zeichner Hergé Cheverny als Modell für das Schloss Moulinsart (Mühlenhof) in „Tintin et Milou" („Tim und Struppi") genommen hat, ist eine Dauerausstellung rund um Kapitän Haddock, Professor Bienlein (Bienloin) und Tim eingerichtet. Wunderschön der 1 km² große Park mit seinen Wasserwegen. *Tgl. 9.15–18.15, Okt.–März 9.45–17 Uhr | Besichtigung Schloss und Park 9,50 Euro, Kombiticket mit Ausstellung „Les Secrets de Moulinsart" 14 Euro | www.chateau-cheverny.fr*

AMBOISE

(8/B3) **Amboise ist ein lebhaftes Städtchen mit vielen Restaurants, Geschäften und im Sommer sogar Straßenmusikern.**

Hier hat der junge François I. seine rauschenden Feste gefeiert, in diese Stadt, die heute 12 000 Ew. zählt, lockte er im Jahr 1516 Leonardo da Vinci, dessen Werke auf dem Herrensitz Le Clos-Lucé zu sehen sind.

SEHENSWERTES

CHÂTEAU DU CLOS LUCÉ MIT PARK LEONARDO DA VINCI ★

Auf dem Herrensitz, von Louis IX. im Mittelalter gebaut, quartierte 1516 François I. Leonardo da Vinci ein. Das Universalgenie aus Italien brachte sein wohl berühmtestes Gemälde, die „Mona Lisa", mit nach Frankreich. Auf Le Clos-Lucé konstruierte da Vinci bis zu seinem Tod im Jahr 1519 zahlreiche Maschinen. Im Erdgeschoss sind Dutzende von Modellen, z. B. Pumpen, Panzerwagen, Flugmaschinen, Automobile und eine Drehbrücke, ausgestellt.

Im Park des Schlosses wurde ein interaktiver Parcours durch Kunstwerke und Modelle des Künstlers angelegt, der das Genie begreifbar macht. Cafeteria und Boutique ergänzen die Anlage. *Jan. tgl. 10–17, Feb./März tgl. 10–18, April–Juni, Sept./Okt. tgl. 9–19, Juli/Aug. 9–20, Nov./Dez. 10–18 Uhr | Nov.–Feb. Eintritt 15, März–Okt. 13 Euro | 2, rue du Clos-Lucé | www.vinci-closluce.com*

Markantes Wahrzeichen von Amboise: das gleichnamige Königsschloss

INSIDER TIPP CHÂTEAU GAILLARD

Es sind nur ein paar Hundert Meter zum Clos Lucé von Leonardo da Vinci oder zum Königsschloss am Loire-Ufer, aber erst im 21. Jh. ist das Château Gaillard von einem Kenner der Renaissance wiederentdeckt, von Unkraut befreit und restauriert worden. Hier hat der italienische Gartenarchitekt Dom Pacello de Marcogliano für die Könige Charles XIII., Louis XII. und François I. die ersten Orangengärten (Orangerie) in Frankreich angelegt. Die Glasfenster im *palazotto* mit seinen Skulpturen und Friesen, in dem François II. und Mary Stuart ihre Hochzeitsnacht verbracht haben sollen, stammen aus dem 16. Jh. *Di–So 13–19 Uhr | Eintritt 10 Euro | 29, allée du Pont Moulin | www.chateau-gaillard-amboise.fr*

CHÂTEAU ROYAL D'AMBOISE

Von den Gebäuden an der mächtigen Festungsmauer ist nur noch die *Chapelle St-Hubert* aus dem 15. Jh., das einstige Gebetshaus der Königin Anne de Bretagne mit dem Grabmal Leonardo da Vincis, übrig geblieben. Die lange Rampe führt auf eine Terrasse mit herrlichem Blick über die Loire. Sehenswert sind abgesehen von den königlichen Wohngemächern die neu eröffneten Festungsanlagen im Zentrum der *Tour des Minimes* aus dem Mittelalter, die unterirdischen Gänge und Räume sowie der frisch angelegte Park in der Schlossanlage. *April–Juni tgl. 9–18.30, Juli/Aug. bis 19, Sept.–Mitte Nov. 9–17.30, Mitte Nov.–März 9–12 und 14–16.45 Uhr | Eintritt 11,20 Euro | www.chateau-amboise.com*

PAGODE DE CHANTELOUP

Die 44 m hohe Pagode am Zierbecken blieb als einziges Gebäude vom einst prächtigen Schloss Chanteloup – im 19. Jh. zerstört – übrig. Den Turm im damals beliebten asiatischen Stil ließ der Herzog von Choiseul, Minister von Louis XV., 1775–1778 bauen. Die Pagode wird seit 1910 von der Familie André betreut und behutsam renoviert. Wunderbarer Ausblick von der Turmspitze, schöne

Das prächtige Schloss Chenonceau ist ein Besuchermagnet

und vor allem benutzbare Sammlung von alten und modernen Holzspielen, die der Eigentümer teilweise selbst entworfen hat, Bootsfahrten auf dem Zierteich und Picknickangebot. *Mai, Juni, Sept. tgl. 10–18.30, Juli/Aug. tgl. 9.30–19.30, Okt./Nov. Sa/So 10–17, April Mo–Fr 10–12, 14–18, Sa/So 10–18 Uhr | Eintritt 9,70, Bootsfahrt 5 Euro für 1 Std., Picknickkorb ab 12,50 Euro | Route de Bléré | 3 km südl. von Amboise | www.pagode-chanteloup.com*

CHOCOLATERIE

INSIDER TIPP **CHOCOLATERIE BIGOT**

Es muss nicht immer Süßes sein: Der Schokoladenspezialist von Amboise bietet im Sommer kleine Gerichte auf der Terrasse mit Blick aufs Schloss. Zum Dessert passt dann vielleicht doch noch ein verführerisches Praliné wie die *orangette* hinein. *Rue de la Concorde | Tel. 02 47 57 04 46 | www.maison-bigot-amboise.com | €*

ZIEL IN DER UMGEBUNG

CHENONCEAU ★ *(8/C3)*

Chenonceau gilt als das Schloss der Damen, als Liebesnest und als elegante Bühne für Intrigen. Catherine Briçonnet, die Frau des königlichen Schatzmeisters Thomas Bohier, überwacht Anfang des 16. Jhs. die Bauarbeiten. Henri II. schenkt das Schloss 1547 seiner Geliebten Diane de Poitiers. Nach seinem Tod verbannt seine Witwe Katharina von Medici die Rivalin aber auf das Schloss Chaumont, baut die zweigeschossige Galerie über dem Cher und betreibt ihre Intrigenpolitik auf dem Lustschloss.

Jahr für Jahr lockt Schloss Chenonceau knapp 1 Mio. Besucher an. Sehenswert sind v. a. im Erdgeschoss prachtvolle Gemälde, darunter Arbeiten von Rubens im Zimmer von François I., im Obergeschoss das Ehrenzimmer der Königinnen und das Gemach von César de Vendôme mit wertvollen Gobelins. Schön sind auch die beiden Gärten, die Katharina von Medici und ihrer Rivalin Diane de Poitiers gewidmet sind. *Mitte März–Mitte Sept. tgl. 9–19, sonst tgl. 9–16.30 Uhr | Eintritt 13 Euro | www.chenonceau.com | 15 km südlich von Amboise*

LOW BUDG€T

Drei Winzer haben sich in Amboise zusammengeschlossen, um ein Weinlokal mit kleiner Speisekarte zu eröffnen: Die *sommelière* bringt Erfahrungen aus großen Häusern mit, die Küche serviert zum Wein der Region köstliche kleine und günstige Gerichte. *Chez Bruno | tgl. ab 12 Uhr | 40, place Michel Debré | Tel. 02 47 57 73 49*

TOURS

(8/B3) **Mehr schöne Dinge des Lebens wie Lachen, Liebe, Frische, Blumen und Parfüm als in allen anderen ihm bekannten Städten hat Honoré de Balzac in Tours gefunden.**

Kein Wunder, der Schriftsteller wurde 1799 in der ehemaligen Hauptstadt des Königreichs Frankreich geboren. Die lebendige Universitätsstadt mit 25 000 Studenten bei 135 000 Ew. insgesamt, die sich auch einen Namen in der Hightechindustrie gemacht hat, bietet gute Ausgehmöglichkeiten und gehört nicht ohne Grund zu den ersten fünf Städten in der Beliebtheitsskala der Franzosen, was die Lebensqualität angeht.

SEHENSWERTES

ALTSTADT

Tours besitzt zwei alte Stadtkerne zwischen Loire und Cher, die erst im 14. Jh. durch einen Mauerring verbunden wurden. Zuerst entwickelte sich das Viertel rund um die mit kunstvollen Glasmalereien aus dem 13. Jh. versehene Kathedrale *St-Gatien*, die seit dem 14. Jh. den Namen des vermutlich ersten Bischofs von Tours trägt. Sie ist mit ihrer Doppelturmfassade ein gutes Beispiel gotischer Kirchenbaukunst. Vom *Schloss*, das heute Wechselausstellungen beherbergt, sind lediglich noch zwei der einst vier Ecktürme erhalten.

Über die *Rue de la Scellerie* mit ihren Antiquitätenhändlern führt ein schöner Spaziergang westwärts bis zur *Rue National,* der großen Einkaufsstraße und zentralen Achse der Stadt. Gehen Sie ein paar Schritte in Richtung Loire und Wilson-Brücke, wo heute entlang der Straßenbahnstrecke zwischen dem Hôtel Gouin und der Kirche St-Julien ein neues Quartier mit Geschäften und Hotels entsteht. Sahnehaube ist der spektakuläre Museumsbau für zeitgenössische Kunst *Centre de Création Contemporaine Oli-vier Debré (CCCOD)*, der im Jahr 2017 eröffnet wurde. Von dort führt die *Rue du Commerce* bis hinein in das zweite alte Zentrum rund um die sehenswerte ★ *Place Plumereau.* Die Fachwerkhäuser aus dem 15. und 16. Jh., die erst nach 1966 renoviert wurden, sind heute beliebte Treffpunkte von Studenten der nahen Universität.

In der *Rue Briçonnet* sind alle Baustile in Tours von der romanischen Fassade aus dem 13. Jh. bis hin zum Bürgerhaus des 18. Jh.s versammelt. Die Basilika *St-Martin* zu Ehren des berühmten Bischofs wurde 1886–1924 im neobyzantinischen Stil ganz neu errichtet. Von einem Vorgängerbau, von 997 bis hinein ins 13. Jh. nach dem Vorbild der Kathedrale von Bourges gebaut, sind heute nur noch die beiden Türme, die *Tour Charlemagne* und die *Tour de l'Horloge,* übrig.

MUSÉE DES BEAUX-ARTS

Auf den gallorömischen Grundfesten von Caesarodunum, dem 2000 Jahre alten Kern von Tours, steht der erzbischöfliche Palast aus dem 12. und 17. Jh., der heute die Kunstsammlung der Stadt beherbergt mit Schätzen aus den zerstörten Schlössern von Richelieu, Chanteloup und den großen Abteien des Umlands. Im Ehrenhof steht eine INSIDER TIPP gigantische Zeder aus dem Libanon, die 1804 gepflanzt wurde und heute 31 m hoch und 3 m breit ist. *Mi–Mo 9–12.45, 14–18 Uhr | Eintritt 6 Euro | 18, place François Sicard | www.mba.tours.fr*

INSIDER TIPP MUSÉE DU COMPAGNONNAGE

Im Museum der Handwerksgesellen sind Meisterstücke der Gesellenbruderschaften, die ihre Wanderjahre in Europa abgeschlossen haben, zu sehen: atemberaubend schöne Arbeiten aller möglichen Berufe vom Zimmermann über den Bäcker bis zum Kunstschmied. Erzählt wird außerdem von der Geschichte und dem Brauchtum jener Vereinigungen. *Mitte Juni–Mitte Sept. tgl. 9–12.30, 14–18, sonst Mi–Mo 9–12, 14–18 Uhr | Eintritt 5,50 Euro | 8, rue Nationale | www.museecompagnonnage.fr*

WEINKELLER

INSIDER TIPP L'HÉDONISTE

Gut sortierter Weinkeller mit 80 Prozent Bioweinen und ein Restaurant, das fast ausschließlich mit Produkten aus der Region arbeitet. *So, Mo geschl. | 16, rue*

Große Gartenkunst am Château Villandry

Lavoisier | Tel. 02 47 05 20 40 | www.lhedoniste-caviste.com | €€

EINKAUFEN

Jeden Tag Markt ist in Tours selbstverständlich. Höhepunkt sind der Lebensmittelmarkt im *Carreau des Halles (Mo–Su 7.30–19.30, So 8–13 Uhr | place des Halles)* und der *Blumenmarkt (marché aux fleurs)* mit Kunsthandwerk *(Mi und Sa 8–19 Uhr | bd. Béranger)* in der Altstadt. Für Schnäppchenjäger in Sachen Antiquitäten sind die Geschäfte in der *Rue de la Scellerie* die erste Adresse.

Die *Confiserie Poirault (6, rue Nationale, gleich am Musée du Compagnonnage)* fertigt seit 200 Jahren aus Bitterschokolade, Kaffee und Orangen die süße Münze *livre tournois*.

ZIEL IN DER UMGEBUNG

VILLANDRY ★ *(8/A3)*

In diesem Garten kann sich jeder Besucher verlieren – stundenlang, tagelang und das zu jeder Jahreszeit. Die Nachkommen des spanischen Arztes Joachim Carvallo, der dieses letzte große an der Loire gebaute Renaissanceschloss im Jahr 1906 kaufte, lassen sich von der Gartenbaukunst des 16. Jh.s inspirieren und veranstalten auf etwa 5 ha ein Fest für Augen, Ohren und Nase: Da gibt es Ziergärten mit kunstvoll angelegten Beeten, einen Wassergarten, herrliche Baumalleen, aber auch Gärten voller Heilkräuter und Gemüse. Die stattliche Anzahl von 1260 Linden und 52 km Buchsbäumen, die jedes Jahr beschnitten werden, schmückt das Areal, auf dem außerdem ein Sonnengarten *(Jardin du soleil)* nach alten, aber bislang niemals verwirklichten Plänen Joachim Carvallos mit einem sternförmigen Wasserbecken sowie Spielgeräten für Kinder eröffnet wurde. Gemüse aus dem Garten wird im Restaurant *La Doulce Terrasse (Mitte März–Mitte Nov. tgl. 9.30–17 Uhr | €)* serviert. *Schloss: Feb.–11. Nov. tgl. 9.30–17, Juli/Aug. tgl. 9–18.30 Uhr, Garten: im Winter tgl. 9–17.30, Mai–Mitte Sept. 9–19.30 Uhr | Eintritt 6,50, mit Schloss 10,50 Euro | www.chateauvillandry.com*

SAUMUR

(🕮 7/D3) **Sein Anblick bei Nacht wird Ihnen den Atem rauben: Wie aus einem Märchen wirkt das Schloss von Saumur mit seinen vier gewaltigen Türmen hoch über der Stadt und der Loire.**
Die aus Tuffstein gebaute Stadt war in der Reformationszeit protestantischer Gegenpol zum katholischen Angers und besaß sogar eine Hochschule. Heute ist Saumur nicht nur wichtiger Produktionsort für Rosenkränze und Medaillen, sondern auch Handelszentrum für Schaumwein, der in den Höhlenkellern der Region als preiswerte Konkurrenz zu Champagner hergestellt wird.

Blickfang: das Château de Saumur

SEHENSWERTES

CADRE NOIR DE SAUMUR ★

Für Pferdeliebhaber ist Saumurs Reitschule ein Muss. Zwei französische Olympiasieger gehören zu den 45 fest angestellten *ecuyers*, den Reitlehrern, die eine schwarze Uniform tragen. Der *Cadre Noir* ist kein Gestüt, sondern eine breit angelegte Reituniversität mit einer Eliteabteilung, auf der die Studenten lernen, worauf es bei Dressur, Springreiten und Military-Wettbewerben ankommt. Das Besichtigungsprogramm erlaubt einen Blick hinter die Kulissen des weltweit einzigartigen Reitzentrums. *April–Okt. Di–Sa 9.30–11, 14–16 Uhr | Eintritt 8 Euro | Besichtigung (2 Std.) mit Vorführungen April–Juni, Sept. Mi 14.30 Uhr, 24 Euro, Galavorstellungen Ende April, Anfang Sept., ab 30 Euro | Tel. 02 41 53 50 50 | www.cadrenoir.fr*

CHÂTEAU DE SAUMUR

Das Schloss, das Louis IX. im 13. Jh. auf dem Hügel über der Stadt bauen ließ, ist nach langer Renovierung wieder geöffnet. Von der ☀ Schlossterrasse herrlicher Blick auf Stadt und Tal. *Hochsommer tgl. 10–18.30 Uhr, sonst Di–So 10–13, 14–17.30 Uhr | Eintritt Hochsommer 7, sonst 6 Euro*

EINKAUFEN

Sekt ist die besondere Spezialität in Saumur. Die großen Kellereien öffnen ihre Häuser für Besichtigungen: Die *Caves Bouvet-Ladubay (Juni–Sept. tgl. 9–18, Okt.–Mai tgl. 9–12, 14–18 Uhr | 2 Euro | 1, rue Ackerman | St-Hilaire-St-Florent | www.bouvet-ladubay.fr)* machen aus der Führung durch die Keller mit Skulpturen von Philippe Cormand ein Licht-und-Ton-Spektakel. Originell ist die geführte Tour auf alten Fahrrädern durch die kilometerlangen Galerien *(45 Min. | 4 Euro)*. Auf zeitgenössische Kunst und eine multimediale Besichtigung durch die 7 km im Tuffstein-Keller setzt die 1811 von Jean-Baptiste Ackerman gegründete Sektkellerei, die selbst aus der seltenen Traube Pineau d'Aunis mit ihrem Pfeffergeschmack ein prickelndes Getränk macht. *Feb.–Nov. Mo–Sa 8.30–12.30, 14–18.30, Juni–Aug. tgl. 9.30–18.30 Uhr | 5 Euro | Caves Ackerman | 19, rue Léopold Palustre | St-Hilaire-St-Florent | Tel. 02 41 53 03 21 | www.ackerman.fr*

SPIEL MIT DER KUGEL

Die Kugel ist nicht rund und die Bahn nicht einmal eben. Niemand weiß so recht, woher die *Boule de Fort,* die Variante des provenzalischen Pétanque-Spiels, im Anjou zwischen Angers und Saumur stammt. Auf der gekrümmten, heute meist überdachten Bahn von 25 m Länge und 6 m Breite geht es wie am Mittelmeer darum, das Gerät aus Esche, das von halbflachem Eisen eingefasst ist, so nah wie möglich an den *maître,* eine Minikugel aus Buchsbaumholz, zu rollen. Das Spiel ist seit Mitte des 19. Jh.s wieder populär, die ehemals engen, ausschließlich von Männern beherrschten Zirkel öffnen sich langsam.

ANGERS

(🕮 7/C3) **Über 2000 Jahre alt, aber quicklebendig: Angers (156 000 Ew.), von Kelten gegründet, im Mittelalter Zentrum des angevinischen Reichs unter Führung der Plantagenets und im 16. Jh. unter König René als „Athen des Westens" berühmt, ist seit Langem Handelszentrum für Weine und Landwirtschaftsprodukte des Anjou.**

Es gibt zwei Universitäten mit ca. 30 000 Studenten sowie Tausende von Arbeitsplätzen in der Informations- und Biotechnologie. Angers gehört wie Tours und Orléans zu den Dutzend Städten, die die höchste Lebensqualität in ganz Frankreich bieten.

SEHENSWERTES

ALTSTADT

Ein Spaziergang von der alten *Festungsanlage* zur belebten *Place du Ralliement* macht deutlich, warum Angers früher als „schwarze Stadt" bezeichnet wurde: Schiefer und Holz in engen Gassen geben nur wenig Licht. Das schönste Fachwerkhaus von Angers ist die *Maison d'Adam* an der Place Ste-Croix mit reichen Holzschnitzereien wie dem grotesken *tricouillard* (Darstellung eines Mannes mit drei Hoden) und einem Kunsthandwerkerzentrum im Erdgeschoss. Die *Rue St-Aubin* führt zum Glockenturm von *St-Aubin* aus dem 12. Jh., dem Rest einer der ältesten Abteien an der Loire. Klassischer Treffpunkt der Stadt mit dem Theaterbau aus dem 19. Jh., vielen Cafés und Restaurants ist die *Place du Ralliement*.

CHÂTEAU

17 aus dunklem Schiefer und hellem Sandstein geschichtete, bis zu 40 m hohe Rundtürme schützen die fünfeckige Festungsanlage hoch über der Maine. Louis IX. ließ sie im 13. Jh. zu einer der bedeutendsten Burgen Europas ausbauen. Innerhalb der Gräben sind die seit dem Zweiten Weltkrieg restaurierten Gebäude wie das *Châtelet*, der *Logis Royal* und die *Grande Chapelle* zu besichtigen. Größte Attraktion aber ist der berühmte ★ *Wandteppichzyklus der Apokalypse*, den Louis I. 1380 anfertigen ließ. Diese Tapisserie, ursprünglich mehr als 140 m lang und 6 m hoch, von der heute noch ca. 100 m erhalten sind, zeigt in sechs Bildern mit ehemals 84 Szenen die Offenbarung des hl. Johannes mit unendlich reichen Hinweisen auf den Alltag und die Ängste in der Zeit des Hundertjährigen Kriegs. Nehmen Sie sich viel Zeit und Infomaterial (auch auf Deutsch) für den Gang

Romantische Gasse in Angers

durch den Ausstellungssaal in der südlichen Wallmauer. *Mai–Aug. tgl. 9.30–18.30, Sept.–April 10–17.30 Uhr | Eintritt 8,50 Euro | 2, promenade du Bout du Monde*

INSIDER TIPP **COLLÉGIALE ST-MARTIN**
Die älteste Kirche von Angers, im 5. Jh. auf gallorömischen Fundamenten gebaut und nach der Revolution 1789 als Holz- oder Tabaklager missbraucht, ist nach 20-jährigen Sanierungsarbeiten ein Schmuckstück, das Baugeschichte über 1600 Jahre dokumentiert. Sammlung von Heiligenfiguren aus dem 16. bis zum 20. Jh., von März–Aug. Konzertsaal für Barockmusik. *Im Winter Di–So 13–18, in der Hochsaison tgl. 10–19 Uhr | Eintritt 4 Euro | 23, rue St.-Martin | www.collegiale-saint-martin.fr*

LA DOUTRE
Ruhiger Stadtteil am rechten Ufer der Maine, früher das Klosterviertel mit dem ehemaligen *Frauenkloster von Ronceray* (nur für Sonderausstellungen mit zeitgenössischer Kunst geöffnet) aus dem 11. Jh., der *Église de la Trinité* aus dem 12. Jh. und der *Place du Tertre-Saint-Laurent* mit den Fachwerkbauten der Speicherhallen des ehemaligen Krankenhauses Saint-Jean aus dem 12. Jh.; komplett neu sind das Kulturzentrum *Le Quai* mit Panoramarestaurant und der Hafen mit Blick auf das Schloss. *Place de la Laiterie*

GALERIE DAVID D'ANGERS
Der Bildhauer Pierre-Jean David (1788–1856) hat seine z.T. monumentalen Skulpturen der Heimatstadt vermacht. In der Ruine der ehemaligen *Klosterkirche Toussaint* werden unterm Dach aus Stahl und Glas Hunderte Werke präsentiert, darunter Büsten von Honoré de Balzac, Victor Hugo und Johann Wolfgang von Goethe. *Sommer tgl. 10–18.30, Winter Di–So 10–12 und 14–18 Uhr | Eintritt 4 Euro | 33 bis, rue Toussaint*

KATHEDRALE ST-MAURICE
In diesem Kirchenschiff aus dem 12. Jh. sind erste Ansätze der angevinischen

Kreuzrippengewölbe zu sehen. Außerdem gibt es Glasmalereien wie das „Jüngste Gericht" (15. Jh.) und einen Hochaltar unter einem Baldachin aus dem 18. Jh. *Tgl. 8.30–19 Uhr | Place Monseigneur Chappoulie*

MUSÉE DES BEAUX-ARTS ★

Angers hat ein Kunstmuseum, das Schätze wie Werke von Jean Auguste Dominique Ingres, Guillaume Bodinier und Claude Monet birgt, sich mit einem neuen Saal aber auch resolut zeitgenössischer Kunst öffnet. Schönes *Café des Orfèvres* im selben Gebäude. *Di–So 10–12, 14–18, im Sommer 10–18.30 Uhr | Eintritt 4 Euro | 14, rue du Musée*

ESPACE AIR PASSION

Am 1998 eingeweihten Flughafen von Angers-Marcé präsentiert ein Verein über 50 Kleinflugzeuge wie Doppeldecker, Segler und Versuchsmaschinen, die zwischen 1907 und 1970 gebaut wurden. Originell: Das Museum ist gleichzeitig Werkstatt für die Restaurierung alter Flugzeuge und Ausbildungsstätte für Ingenieure. *16. April 15. Okt. Di–Sa 14–18, So 15–19, Juli/Aug. außerdem 10–12 Uhr, Winter Sa/So 14–18 Uhr | Eintritt 6 Euro | Aéroport d'Angers-Marcé | www.musee-aviation-angers.fr*

EINKAUFEN

Samstag ist großer Markttag in Angers. Rund um den früheren zentralen Platz, die *Place Imbach*, gibt es von frischem Gemüse über Trödel bis zu hin zu Blumen und Bioprodukten nahezu alles zu kaufen. Antiquitätenhändler finden Sie in der *Rue Toussaint*. Den *quernon d'Ardoise*, eine leckere Schokoladenspezialität im Schieferdesign, gibt es bei *La Petite Marquise (22, rue des Lices)*, die besten *rillauds* aus Schweinefleisch schon seit über 100 Jahren im Feinkostgeschäft *Aux Rillauds d'Or (geschl. Ende Juli–Mitte Aug. | 35, rue St-Laud)*. Der Teesalon *Carré d'Anjou (So, Mo-Morgen geschl. | 8, place de la Gare)* verkauft süße und herzhafte Leckereien, die zu 100 Prozent aus dem Anjou stammen.

CHALONNES-SUR-LOIRE

(🕮 7/BC3) **Das am Zusammenfluss von Layon, Louet und Seine gelegene Chalonnes-sur-Loire (6 500 Ew.) ist ein bedeutender Ort des Weinanbaus im Département Maine-et-Loire.**

Es besaß aufgrund der strategisch günstigen Lage an drei Flüssen in der Vergangenheit eine besondere wirtschaftliche Bedeutung. Ein ca. einstündiger Stadtrundgang informiert mit Schautafeln über historisch bedeutsame Orte des Städtchens (einen entsprechenden Plan hält die Touristeninformation vor Ort für Besucher bereit, Informationen auch unter der Homepage: loire-layon-aubance-tourisme.com).

SEHENSWERTES

NOTRE-DAME

Die romanische Kirche entstand in ihren Ursprüngen im 12. Jh. an der Stelle eines heidnischen Tempels. Im Laufe der Jahrhunderte erfuhr die Kirche verschiedene Veränderungen, der ehemals romanische Charakter ist jedoch noch gut erkennbar. Nachdem im 19. Jh. in der Nordwand der Kirche bereits ein Grab entdeckt worden war, enthüllte Notre-Dame vor einigen Jahren einen Schatz, der noch aus der Zeit der Französischen Revolution stammte. *Place Notre Dame*

ANCENIS

(🗺 7/B3) **Malerisch liegt das kleine Ancenis (6 500 Ew.) auf einer Insel der Loire, deren Wirtschaft in der Vergangenheit von der Schifffahrt profitierte.**
Bereits die Römer brachten den Wein mit in die Region, und der Weinanbau spielt auch heute noch eine bedeutende Rolle in Ancenis und der Umgebung. Malerisch erstrecken sich die Weinberge an den Hängen der Loire, deren Produkte in verschiedenen Weinkellern verkostet werden können.

SEHENSWERTES

CHÂTEAU D'ANCENIS

Die Burg von Ancenis, die auf das 10. Jh. zurückgeht, besaß im Mittelalter aufgrund ihrer Lage am Fluss eine strategische Bedeutung und wurde mehrfach belagert und zum Teil zerstört. Das heutige Bauwerk, zwischen 2013 und 2015 restauriert, zeigt den Stil der Renaissance und ist als nationales historisches Monument geschützt. *21, Rue du Pont | www.ancenis-saint-gereon.fr/Le-chateau-classe-Monument.html*

Château d'Ancenis

NANTES

Am Zusammenfluss von Loire, Erdre und Sèvre liegt Nantes (285 000 Ew.), einstmals die Hauptstadt der Bretagne.
Mit seiner Kathedrale, dem mittelalterlichen Viertel und dem Schloss der bretonischen Herrscher gehörte Nantes immer schon zu den besonders schönen – aber oft zu Unrecht übersehenen – Städten Frankreichs. Dass der Niedergang ihrer Werftindustrie die Stadt an der Loiremündung in eine schwere Krise stürzte, ist heute kaum mehr wahrzunehmen. Nantes hat den Strukturwandel geschafft und sich zu einer modernen, lebensfrohen Metropole entwickelt. Ihre gelungene Verbindung von wirtschaftlichem Wachstum mit Umweltschutz und hoher Lebensqualität brachte der Stadt 2013 den Titel der „Grünen Hauptstadt Europas" ein: Ihr tadellos funktionierender öffentlicher Personennahverkehr, viele umweltneutrale Bauprojekte und ihre grüne Stadtentwicklung haben Leuchtturmfunktion. Spannende Museen, hervorragende Restaurants und schöne Geschäfte spiegeln diesen hohen Standard.

SEHENSWERTES

CATHÉDRALE SAINT-PIERRE-ET-SAINT-PAUL *(🗺 9/C-D2)*

Mit 37,5 m ist das Kirchenschiff höher als das von Notre-Dame in Paris. Die Fassade datiert aus dem Spätmittelalter; ungewöhnlich ist die Außenkanzel. Im

Blickfang: Kathedrale von Nantes

spätgotischen Inneren ist neben den Weihwasserbecken aus Muscheln des Indischen Ozeans das (seit der Revolution leere) Renaissancegrabmal des letzten bretonischen Herzogs Franz' II. und seiner Frau Marguerite de Foix aus schwarz-weißem Marmor sehenswert. Ihre Tochter Anne, deren Abbild im Grabmal ebenfalls in Marmor gemeißelt ist, wurde als Königin von Frankreich in Saint-Denis bei Paris begraben. Ihr Herz aber fand in der *Krypta (Juli/Aug. tgl. 10–19, sonst nach Anmeldung bei der Touristeninformation)* der Kathedrale seine letzte Ruhestätte. 2015 wurde die Kathedrale durch ein Feuer im Dachstuhl schwer beschädigt. *Place Saint-Pierre | tgl. 8.30–18, im Sommer bis 19 Uhr | cathedrale-nantes.fr*

CHÂTEAU DES DUCS DE BRETAGNE
(🕮 9/D3)

Das Schloss der Herzöge der Bretagne wurde ab 1466 als Befestigung und Residenz erbaut. Nach einem Brand im 17. Jh. wurde es im klassizistischen Stil wiederaufgebaut. Der ☀ Spazierweg über die Burgmauern und -türme bietet einen schönen Blick über Alt- und Neustadt. Die herzöglichen Appartements beherbergen das *Stadtmuseum (Mitte Juni–Aug. tgl. 10–19, Sept.–Mitte Juni Di–So 10.30–18 Uhr),* das multimedial, audiovisuell und interaktiv die Geschichte von Nantes und der Bretagne aufbereitet. *4, Place Marc Elder | www.chateaunantes.fr*

ÎLE DE NANTES UND LES MACHINES DE L'ÎLE

Mehrere Brücken verbinden die Stadt mit der *Île de Nantes*. 5 km lang und 1 km breit, wird sie von zwei Armen der Loire umspült. Früher war sie das Zentrum des Seehandels und der Werftindustrie. Seit der Jahrtausendwende wird sie begrünt – etwa durch den *Parc des Chantiers* – und wiederbelebt. So hat sich ein Stadtteil entwickelt, der nicht nur für Firmen, sondern auch als Wohnort attraktiv ist. Neben zeitgenössischer Architektur ist hier auch avantgardistische Kultur beheimatet, die sich gut mit den Relikten der

Ungewöhnlicher Ritt auf dem mechanischen Elefanten

Industrieära verträgt – etwa dem Kran aus den 1960er-Jahren.

Die beliebteste Attraktion der Insel ist der 12 m hohe *Grand Éléphant,* der bis zu 45 Menschen auf einer Aussichtsplattform auf seinem Rücken tragen kann. Erstaunlich ist seine Motorik: Das Schlagen der Ohren, die Bewegungen des Rüssels, der sogar Wasser versprüht, selbst das Blinzeln seiner Augenlider – alles ist den Bewegungen lebendiger Artgenossen perfekt nachempfunden. Mit bis zu 4 km/h trägt der von einem Führer gesteuerte Elefant Besucher und Bewohner vom Loireufer bis zur Maschinengalerie in einer ehemaligen Werfthalle. Dort sind maschinenbetriebene Seeungeheuer versammelt, wie sie auch 80 000 Meilen unterm Meer anzutreffen sein mögen.

Der Elefant ist Teil des Projekts ★ *Les Machines de l'Île (Blvd. Léon Bureau | stark gestaffelte Zeiten s. Website, Kernzeit tgl. 14–17, April–Okt. 10–17/18/19 Uhr | www.lesmachines-nantes.fr),* zu dem auch die *Galerie des Machines* gehört. Es versammelt in den ehemaligen Werfthallen fantastische mechanische Werke: Kraken, Riesenfische, ein von Sturm gepeitschtes Boot, eine Kutsche mit Pferden, Meeresschlangen. Besucher können die Maschinen wie Karussells benutzen und im Atelier bei der Konstruktion zuschauen. Außerhalb der Galerie bilden die *Mondes Marins,* ein 25 m hohes Karussell, eine weitere sehenswerte Attraktion. Über die Hintergründe der Umgestaltung der Insel informiert eine Ausstellung im *Hangar 32 (32, quai des Antilles | Fr–So 14–18 Uhr | www.iledenantes.com).*

JARDIN DES PLANTES *(9/D-E2)*

7 ha voller Arzneipflanzen, Kamelien, Magnolien. *Eingänge Blvd. Stalingrad und Place Sophie Trébuchet | tgl. 8.30–20, Winter bis 17.30 Uhr, Gewächshäuser Mo–Fr 12.30–18, Sa/So 9.30–18 Uhr*

MÉMORIAL DE L'ABOLITION DE L'ESCLAVAGE *(9/A4)*

Das am Loireufer an der Anne-de-Bretagne-Brücke gelegene Denkmal zur Abschaffung der Sklaverei erinnert an Nantes' Erbe als einstiger Umschlagplatz für Sklaven. Der Gedächtnispfad will aber auch den Blick für moderne Formen der Sklaverei schärfen. 2000 gläserne Bodenfliesen erinnern u. a. an Schiffe und Expeditionen, die in Nantes ihren Ausgang nahmen, um Menschen zu kaufen und zu verkaufen. Eine Treppe führt in einen Ausstellungsbereich hinab, der die Erklärung der Menschenrechte, das Wort „Freiheit" in 50 Sprachen sowie Daten und Zahlen zur Sklaverei zeigt. *Quai de la Fosse/Passerelle Victor Schoelcher | tgl. 9–18, Mitte Mai–Mitte Sept. bis 20 Uhr | memorial.nantes.fr*

MUSÉE D'ARTS DE NANTES (*🕮 9/D2*)

Eine der schönsten Kunstsammlungen Frankreichs; Meisterwerke von Jean-Auguste-Dominique Ingres, Gustave Courbet, Marc Chagall, Pablo Picasso und Wassily Kandinsky. Nach Restaurierung und Fertigstellung des Erweiterungsbaus *Le Cube* wurde das Museum 2017 wiedereröffnet. *2, Rue de l'Hôtel de Ville | tgl. 11–19, Do bis 21 Uhr*

MUSÉE JULES VERNE

In einer Villa auf der Anhöhe Sainte Anne sind Briefe des 1828 in Nantes geborenen Schriftstellers und Manuskripte seiner berühmten Abenteuerromane zu sehen. Neben dem Museum zeigt eine Skulptur Verne als Kind neben seiner Romanfigur Kapitän Nemo einträchtig auf einer Bank sitzend. *3, rue de l'Hermitage | Juli/Aug. tgl. 10–19, Sept.–Juni Mo und Mi–Sa 10–12 und 14–18, So 14–18 Uhr*

INSIDER TIPP TRENTEMOULT

In Trentemoult am südlichen Loireufer lebten früher Fischer und Kap-Hoorn-Segler. Heute ist das einstige Dorf ein trendiges Wohnviertel mit Jachthafen und guten Restaurants. Ein Bootsshuttle *(Navibus Loire)* verkehrt alle 20 Minuten ab Gare Maritime.

EINKAUFEN

Haupteinkaufsstraße ist die Fußgängerzone *Rue Crébillon.* Sehenswert ist die *Passage Pommeraye (Rue de la Fosse)* aus dem 19. Jh. mit Holzböden und schmiedeeisernen Geländern. Bei *Debotté Maître Chocolatier (9, Rue de la Fosse, und 15, Rue Crébillon)* gibt es *mascarons nantais,* Schokopralinen mit Krokant. Ebenso gut: *Les Rigolettes Nantaises (18, Rue de Verdun).* Probieren Sie auch *nez grillés* aus Karamell, Salzbutter und Schokolade! Auf dem *Markt von Talensac (Di–So | Rue de Talensac | Straßenbahn 2 und Busse 12, 32, 52)* finden Sie Gemüse, Fisch, Möbel und Kleider, außerdem die Bäckerei La Petite Boulangerie und die Fromagerie Beillevaire. Liebevoll hergestellte Papier- und Schreibwaren sind bei der *Papeterie Les P'tits Papiers (2, Place Félix Fournier)* zu haben. Kindermode gibt es bei *Million Dollar Baby (17, Rue du Château),* Geschenke für Babys und Eltern bei *Dröm (31, Rue de Verdun).*

ANLEGESTELLEN

▶ NANTES

Kreuzfahrtschiffe machen in Nantes in der Nähe des Quai de la Fosse fest. Das Zentrum liegt in ca. 1,5 km Entfernung.

▶ ANCENIS

In Ancenis legen Kreuzfahrtschiffe unweit des Château d'Ancenis an, das auf kurzem Fußweg zu erreichen ist.

▶ CHALONNES-SUR-LOIRE

Vom Schiffsanleger sind es nur wenige Minuten Fußweg bis zur Kirche Notre-Dame.

ESSEN & TRINKEN

Niemand hat in schöneren Worten von Fress- und Saufgelagen geschwärmt als François Rabelais, der im 16. Jh. die Geschichte der Riesen Gargantua, Grandgousier und Pantagruel zu einer Hymne an gutes Essen und Trinken machte.

Schlemmen ist an der Loire und in ihren Seitentälern immer noch ein Lieblingsvergnügen von Rabelais' Nachfahren. Allerdings sind die Portionen heute nicht mehr so üppig und werden aus Respekt vor Alkoholkontrollen die Gläser lange nicht mehr so oft nachgeschenkt. Die alten Rezepte erleben überall eine Renaissance. Dabei gibt es ***kein typisches*** Gericht an der Loire. Aber regionale Unterschiede wird der Genießer erkennen. Die Sologne steht mit ihren Wäldern wie zu des Dichters Zeiten für **Wild** wie *lièvre* (Hase), *chevreuil* (Reh), *sanglier* (Wildschwein) oder *cerf* (Hirsch), die im Herbst mit **Pilzen** wie *cèpe* (Steinpilz) oder *girolles* (Pfifferlinge) serviert werden. 3000 Teiche rund um Romorantin sorgen für Nachschub bei ***Süßwasserfischen*** wie *sandre* (Zander), *brochet* (Hecht) oder *carpe* (Karpfen). Romorantin ist zudem für seine Erdbeer- und Spargelproduktion bekannt.

Ein Glück, dass das Missgeschick der Schwestern Tatin als Rezept für ein köstliches, aber kalorienschweres Dessert, die ***tarte Tatin***, überlebt hat: Den beiden Damen war im 19. Jh. in der Sologne aus Versehen der Apfelkuchen mit der Fruchtseite nach unten in den heißen Backofen gerutscht. Seitdem wird die Süßigkeit immer „gestürzt" gebacken.

Vor dem Nachtisch ist aber erst einmal Käse angesagt. Zwar gibt es im Städtchen **Sancerre** keine einzige Ziege, aber rings um den Weinbauhügel sorgen die Herden für die Milch, aus der nach alten Rezepten der *crottin de Chavignol* hergestellt wird, einer der fünf ***Ziegenkäse*** der Region, die mit der Herkunftsbezeichnung AOC *(Appellation d'Origine Contrôlée)* geadelt sind.

Eine Renaissance erlebt das ***Haselhuhn*** *(géline de Touraine)*, das wegen seiner Faulheit – es legt nicht gerne Eier – fast von den Speisekarten verschwunden war. Rabelais muss das feste, wildähnliche Fleisch dieses Hühnchens genauso gekannt haben wie die Spezialität an Sarthe und Loir, die ***rillettes***. Natürlich soll der Salat mit den lauwarmen Fleischstücken mit Weinessig aus Orléans angemacht sein – oder auch mit ***Nussöl*** *(huile de noix)*. Weiter im Westen, im Anjou, werden heute wieder Fische wie *anguille* (Aal) und *lamproie* (Neunauge)

Renaissance der alten Rezepte: Halten Sie es mit François Rabelais, der köstliches Essen und guten Wein glühend verehrte

gefischt, die – die Reben wachsen ja vor der Haustür – in Rotwein aus ***Chinon***, Bourgueil oder Saumur-Champigny gekocht werden.

SPEISEN

anguille – in Stücke gehackter Aal, gekocht in Chinon-Rotwein mit Pilzen und Zwiebeln. Köstlich mit der *sauce poulette* aus Eigelb, Weißwein, Pilzen und Petersilie

beurre blanc – Sauce aus geschmolzener Butter mit gehackten Schalotten und einem Schuss Weißwein oder Essig

cotignac d'Orléans – seit dem 15. Jh. bekanntes Quittengelee, verpackt in einer Spanschachtel mit dem Bild der Jungfrau von Orléans (nur noch selten zu bekommen)

crottin de Chavignol – berühmter Ziegenkäse, mit Herkunftsbezeichnung geadelt: runder Handkäse mit harter Schimmelrinde

fouace oder fouée – früher ein Teigschnipsel aus Weizen zum Testen der Holzofentemperatur. Ergibt knusprig gebackene Teigtaschen mit Rillettes, Gemüse, Pilzen oder Ziegenkäse gefüllt

galipettes garnies – Riesenchampignons aus den Höhlenkellern rund um Saumur, mit Gemüse oder Hackfleisch gefüllt

poires und pommes tapées – im Holzofen gedörrtes Obst, flach gedrückt und in Gläsern konserviert. Die so gedörrten Birnen *(poires)* oder Äpfel *(pommes)* werden anschließend in Wein, Zuckersirup oder Alkohol eingelegt

rillettes, rillauds, rillons – Schweinebruststücke, die im eigenen Schmalz gegart, zerdrückt und kalt gegessen werden. Die *rillauds* im Anjou oder die *rillons*, wie sie in der Touraine genannt werden, sind größere Stücke, die stundenlang in einer Gemüsebrühe mit Kräutern geschmort und z. B. in Salaten lauwarm serviert werden

tarte Tatin – warmer, gestürzter Apfelkuchen, mit Vanilleeiskugel oder Crème fraîche serviert

SAÔNE & RHÔNE

Grenze und Handelsroute: Die Saône bildet nicht nur die östliche Grenze des Burgunds, sondern besitzt bereits seit der Antike Bedeutung als Transportweg für eine besondere Kostbarkeit – den hier angebauten vorzüglichen Wein.

An die lange Schifffahrtstradition, auf deren Spuren heutige Flussreisende wandeln, erinnern die Hafenstädte Chalon-sur-Saône, Mâcon und Tournus. Auf ihrem gut 470 km langen Weg von der Quelle in den Vogesen bis zur Mündung bei Lyon in die Rhône passiert die Saône zauberhafte Landschaften wie die Côte d'Or, wo die berühmtesten Weine Burgunds angebaut werden, aber auch malerische Orte und historische Schätze. Auch an den Ufern der Rhône, die, von der Schweiz kommend, auf mehr als 800 km in Richtung Mittelmeer fließt, wird erstklassiger Wein angebaut. Und dann das Rhône-Delta – die beiden Flussarme umschließen ein einzigartiges Naturparadies, die Camargue mit ihren berühmten Pferden, Stieren und Flamingos.

CHALON-SUR-SAÔNE

(🕮 10/B3) **Die 25 km nördlich von Tournus gelegene Stadt (47 000 Ew.) verdankt ihren Aufstieg zum Industriestandort dem Bau des Canal du Centre am Ende des 18. Jh.s.**

Hat man den Speckgürtel aus Vorstädten und Betriebsgeländen durchbrochen,

Bild: Die legendäre Brücke und der Papstpalast prägen das Bild von Avignon

Weinbau und atemberaubende Landschaften, historische Orte und lebendige Städte: Ein reicher Schatz entfaltet sich an Saône und Rhône

überrascht die schmucke Altstadt mit Kathedrale, Fachwerk- und Renaissancebauten. Malerisch im Fluss liegt die Saône-Insel *St-Laurent,* wo viele Restaurants locken. Beachtung gebührt dem 1765 in Chalon geborenen Begründer der Fotografie, Nicéphore Niepce. Ihm und seiner Erfindung ist das *Musée Nicéphore Niepce (Juli/Aug. Mi–Mo 10–18, Sept.–Juni Mi–Mo 9.30–11.45, 14–17.45 Uhr | Eintritt frei | 28, quai des Méssageries | www.museeniepce.com)* am Ufer der Saône gewidmet.

DIJON

Für pulsierendes Leben sorgen in Dijon (151 000 Ew.) allein 30 000 Studenten. Von Senf bis Fachwerk reichen die Stichworte, die Dijon zum lohnenden Ausflugsziel machen.

1966 wurden fast 1 km² der Altstadt zu einer der größten Schutzzonen Frankreichs erklärt. Hinter den konservierten Mauern hat sich ein modernes Lebensgefühl etabliert, getragen von Künstlern, Studenten und jungen Managern. 1364–1477 war die einstige Römersiedlung Residenz der burgundischen Herzöge, dann Sitz eines Ständeparlaments. Der Adel hinterließ über 100 Palais, die ältesten sind noch aus Fachwerk errichtet. Bei einem Einkaufsbummel können Sie hier die nach alter Methode zubereiteten Köstlichkeiten der Region – Senf, Cassis und Gewürzbrot – probieren und anschließend auf der Terrasse eines Bistrots, etwa bei den quirligen Markthallen, die Zeit verbummeln und das sprichwörtliche Savoir-vivre Frankreichs erleben.

RÖMER

In den berühmten Comics von Asterix und Obelix kreist manche Episode um die Schlacht von Alesia 52 v. Chr., als Rom die Gallier besiegte. Der Schauplatz befindet sich – samt futuristischem Informationszentrum – nahe Dijon auf dem Mont Auxois, wo die Statue des besiegten Vercingetorix zum Pilgerziel wurde. Auf dem Mont Auxois selbst entstand zugleich ein neues archäologisches Museum – das Interesse an der antiken Geschichte Burgunds ist unverändert groß.

Die Region besitzt viele authentische Zeugen der Römerzeit, darunter das gut sortierte Museum auf dem Mont Beuvray, einst Standort der gallischen Siedlung *Bibracte.* In ihrer Nähe gründeten die Römer 10 v. Chr. *Augustodunum* (Autun). Dort sind Reste von Stadttor, Tempel und Theater erhalten. Immerhin vier Jahrhunderte währte die römische Herrschaft, dann fielen die Alemannen und Franken in Burgund ein.

SEHENSWERTES

CATHÉDRALE ST-BÉNIGNE/ MUSÉE ARCHÉOLOGIQUE *(🕮 11/B2)*

Spannend wird es bei der gotischen Kathedrale (13. Jh.) an der place St-Bénigne erst im Untergeschoss. Zwei Kapellen aus dem 6. Jh. wurden um 900 durch ein kreisrundes Oratorium miteinander verbunden. In dieser heutigen Krypta finden sich einige der frühesten skulptierten Kapitelle Burgunds. Von der großen romanischen Basilika, die über der Krypta errichtet und später für den Bau der gotischen Kirche abgerissen wurde, haben sich nur Freskenreste erhalten. Sie sind neben prähistorischen Funden im archäologischen Museum zu sehen, das im ehemaligen Benediktinerkloster St-Bénigne eingerichtet wurde. *Mi–Mo (im Winter Mi, Sa/So) 9–12.30, 14–18 Uhr | Eintritt frei, außer bei Sonderausstellungen | 5, rue du Docteur Maret*

ÉGLISE NOTRE-DAME *(🕮 11/B2)*

Mit dem Kopf im Nacken haben Sie hier den schönsten Blick: In drei Reihen sind die Wasserspeier der gotischen Kirche gestaffelt. Im Türmchen rechts hängt *Jacquemart,* eine Glocke, die Philipp der Kühne 1382 als Kriegstrophäe aus Flandern mitbrachte. Weil die Bürger ihrem Jacques eine eigene Familie wünschten, ergänzten sie 1610 eine „Glöckin", 1714 und 1881 dann gar noch Sohn *Jacquelinet* und Tochter *Jacquelinette.* Die schwarze Madonna in der Kapelle rechts vom Chor aus der Zeit um 1100 zählt zu den ältesten Holzmadonnen Frankreichs. Glück soll haben, wer eine steinerne Eule an der Kapelle mit der linken Hand berührt. *Rue de la Préfecture*

INSIDER TIPP MARKTHALLEN *(🕮 11/B1-2)*

Les halles aus der Belle Époque sind das

Bunt und frisch geht es auf dem Markt in Dijon zu

pulsierende Herz der Altstadt. Händler und Bauern schichten Di, Do nur in den Hallen, Fr und Sa unter der gusseisernen Konstruktion und ringsherum Obst und Gemüse zu appetitlichen Arrangements auf. Feinkostbetriebe wie die *Fromagerie Delon* oder die *Charcuterie Alviset* gehören zu den am meisten umlagerten Ständen. Immer häufiger ist das Angebot bio, d. h. von Erzeugern, die auf Chemie auf dem Feld und im Stall verzichten. Während in den Hallen abgewogen und abgepackt wird, breiten sich auf den Trottoirs ringsherum und in der nahen rue Musette Bistrot- und Caféterrassen aus.

MUSÉE DES BEAUX-ARTS *(11/C2)*

Die schiere Fülle der Exponate, darunter Gemälde seit dem 14. Jh. und Werke des burgundischen Bildhauers François Pompon, ist überwältigend. Achten Sie also darauf, die Glanzstücke des Museums nicht zu versäumen, die ★ *Herzoggräber* der Herzöge Philippe le Hardi und Jean sans Peur in der *Salle des Gardes*. Schon zu Lebzeiten hatte Philippe sein Grabmal in Auftrag gegeben. Rings um die Liegefigur des Herrschers zieht ein Trauerzug aus 40 Gefolgsleuten und Mönchen. Dieses Thema der *Pleurants* (Weinenden) wiederholt sich beim Grabmal von Jean sans Peur. Die Gräber befanden sich ursprünglich in der Kartause von Champmol, aus der auch die beiden großartigen Schnitzaltäre des 14.Jh.s stammen. *Mai–Okt. Mi–Mo 9.30–18, im Winter 10–17 Uhr | Eintritt Dauerausstellung frei | Palais des Ducs | place de la Ste-Chapelle | www.musees-bourgogne.org*

MUSÉE DE LA VIE BOURGUIGNONNE *(11/B3)*

Ein ehemaliges Kloster beherbergt die Sammlung zur burgundischen Kulturgeschichte. In der weiträumigen Anlage sind INSIDER TIPP zehn alte Geschäfte originalgetreu rekonstruiert, sodass Sie dort ein fast vergessenes Dijon nacherleben können. Ein Straßenzug vereint Tante-Emma-Laden, Metzgerei, Apotheke, Friseur. *Mai–Sept. Mi–Mo 9–12.30, 13.30–18, Okt.–April Mi–Mo 9–12, 14–18 Uhr | Eintritt frei | 17, rue Ste-Anne*

PALAIS DES DUCS DE BOURGOGNE/ PLACE DE LA LIBÉRATION *(11/B2)*

Effektvoll werden in der Nacht die beiden Türme, die vom alten Herzogspalast aus dem 14. und 15. Jh. verblieben, beleuchtet. Einer der Türme, die 46 m hohe *Tour Philippe le Bon (Ostern–Mitte Nov. Di–So 10.30, 11.15, 12, 12.45, 14.30, 16, 16.45, 17.30, Juli/Aug. auch 20.30, 21.30, 22.30 Uhr, Mitte Nov.–Ostern Di 14, 15, 16, Sa/So 11, 12, 14, 15, 16 Uhr | 3 Euro)*, bietet Ihnen die schönste Aussicht über die Stadt. Nachdem der König Herrscher über Burgund wurde, ließ er den Palast im 17./18. Jh. von seinem Architekten Jules Hardouin-Mansart umgestalten. Heute beherbergt der westliche Flügel das Rathaus, der Ostflügel das *Musée des Beaux-Arts* (s. S. 71). Hardouin-Mansart schuf auch die vorgelagerte *place de la Libération* (1686–1701), unter deren Arkaden die Prominenz aus dem Rathaus im Gourmettempel *Le Pré aux Clercs* speist. *Place de la Libération*

PLACE FRANÇOIS-RUDE *(11/B2)*

Dijon ehrt seinen Sohn, den Bildhauer François Rude (1784–1855), mit einem Marktplatz, der so belebt ist wie kein anderer in der Stadt. Vor den malerischen alten Bürgerhäusern, eines davon ein wunderbarer Fachwerkbau, rings um den Brunnen können Sie den Sonnenschein auf einer der Caféterrassen genießen und das Flair Dijons auf sich wirken lassen.

BISTROS

BISTRO DZ'ENVIES *(11/B1)*

Auf der Karte des spacigen Bistrots stehen Foie gras mit Chutney oder Schokoladenkuchen mit einer Sauce aus eingelegten Paprika. Der Chef achtet beim Einkauf darauf, dass die Produkte möglichst bio sind. Dazu werden an die zehn Weine im Glas angeboten. *So geschl. | 12, rue Odebert | Tel. 03 80 50 09 26 |* **€–€€**

Herrschaftlich lebten die Ducs de Bourgogne in ihrem Palast

LE BISTROT DES HALLES *(🕮 11/B1)*

Ein Neobistrot mit Designtouch – mit coolen Fauteuils und Bar im *urban chic*. Viele Weine werden im Glas ausgeschenkt. *So/Mo geschl. | 10, rue Bannelier | Tel. 03 80 49 94 15 |* **€€**

EINKAUFEN

Von den Filialen des Feinkostgeschäfts *Mulot et Petitjean* sollten Sie wegen seiner Atmosphäre das schöne Fachwerkhaus an der *place Bossuet Nr. 13* vorziehen. Senf vom Zapfhahn gibt es im Traditionshaus *Maille (32, rue de la Liberté)*. *Vedrenne (1, rue Bossuet | www.vedrenne.fr)* ist in ganz Burgund für seine *crèmes de fruits* (Obstliköre) bekannt. Verkaufsschlager ist Crème de Cassis, der Likör aus schwarzer Johannisbeere. *Bourgogne Street (61, rue de la Liberté)* heißt ein moderner Laden mit den besten Feinkostprodukten der Region: Weine, Senf, Anispastillen, Schokolade, Konfitüren, Foie gras, Gewürzbrot.

SENF

Moutarde de Dijon, Senf aus Dijon, wird seit dem Mittelalter hergestellt. Die hohe Kunst des Senfmachens hat sich im Lauf der Jahrhunderte verfeinert. Neben Klassikern wie Knoblauchsenf gehören raffinierte Kreationen wie Cassis- oder Gewürzkuchensenf zum Angebot.

ZIELE IN DER UMGEBUNG

ABBAYE DE FONTENAY ★

Das 1118 von Bernard de Clairvaux gegründete Kloster 85 km nordwestlich von Dijon gehört zu den großartigsten Sehenswürdigkeiten Burgunds. Es überstand die Französische Revolution, da es nach der Säkularisierung als Papierfabrik genutzt wurde. Seit 1906 wird das Denkmal, inzwischen Welterbe, restauriert. Kernstücke sind der Kreuzgang und die 1149 geweihte Basilika. *8. Nov.–Mitte April tgl. 10–12, 14–17, sonst tgl. 10–18 Uhr | 10 Euro | www.abbayedefontenay.com*

PARC ÉCOLOGIQUE DE LA COMBE SAINT-JOSEPH *(🕮 10/C1)*

An den südwestlichen Ausläufern Dijons erstreckt sich mit diesem Park ein wahres Naturparadies. Auf insgesamt 15 ha Gelände können Sie sich mit der Tier- und Pflanzenwelt der Region vertraut machen. Das Spektrum reicht von trockenen, steinigen Sonnenhängen bis hin zu dichtem Wald. Hier treffen Sie auch auch rare Pflanzen wie die Arnika und können unter dicht belaubten Rotbuchen auf schönen Wegen flanieren. 11 Tafeln vermitteln wissenswerte Informationen über Tiere und Pflanzen, die auf dem weitläufigen Gelände beheimatet sind. *Chemin de la Rente Saint-Joseph*

ESSEN & TRINKEN

Saulieu ist kein Ort, über den man in Deutschland viele Worte verliert. Anders in Frankreich, das spätestens seit dem 16. Jh. die Gastronomie dieses burgundischen Dorfs in den Himmel hebt.

Über viele Windungen hat sich das kulinarische Prestige auf das gesamte Burgund ausgedehnt, das heute einen Rekord hält: Keine andere Region Frankreichs kann auf so viele Spitzenköche verweisen. Ein besonders eifriger ***Sammler lukullischer Sterne*** war Küchenmeister Bernard Loiseau aus Saulieu. Als der Drei-Sterne-Koch fürchtete, die begehrte Höchstnote des Michelin zu verlieren, beging er Selbstmord und die Gastrokritiker gerieten selbst in die Kritik. Das Relais Bernard Loiseau hält heute mit Loiseaus Nachfolger Patrick Bertron immerhin noch zwei Sterne.

Mittlerweile haben Altmeister wie Jean-Michel Lorain (Joigny) und Marc Meneau (St-Père-sous-Vézelay) ***Platz für junge Wilde*** eingeräumt. Da ist William Frachot in Dijon (Chapeau Rouge), Tüftler mit Hang zum Internationalen. Da sind Jérôme und Maria Brochot in Montceau-les-Mines (Jérôme Brochot), bei denen auch das Einfache immer appetitlich angerichtet sein muss. Da ist David Zuddas in Dijon (DZ'envies), stets rastlos und innovativ. Wer sich dort an eine der ***grandes tables*** setzt, sollte den Geldbeutel gut gefüllt und ein Wörterbuch parat haben. Denn der Genuss wird schon mit Worten zelebriert, etwa so: *escargots de Bourgogne aux courgettes grillées et au lait d'amandes épicé.* Kern solcher Kreationen sind landestypische Grundlagen, in diesem Fall Burgunder Weinbergschnecken, um die der Starkoch seine Variationen rankt, hier gegrillte Zucchini und ein Mandelmus.

Eher deftig, mit viel Butter angereichert und sehr schmackhaft ist das, was die ***ländliche Küche*** serviert. Ihr Credo: ***gute, frische Zutaten aus der Region***, oft aus einem sehr kleinen Einzugsgebiet, wo vielleicht die besten Barsche gefangen werden oder die schmackhaftesten Schalotten gedeihen. Die besonders tief verwurzelten Bauerngerichte, *coq au vin* oder *bœuf bourguignon,* bauen auf die ***Kraft eines guten Weins***. Da wird schnell mal eine ganze Flasche geleert, damit das Fleisch vom Charolais-Rind oder vom Bressehuhn auch richtig mundet.

Der gute Ruf hat eine Kehrseite, denn vielerorts, vor allem in touristischen Zentren, kommt inzwischen auch miserable Qualität zu stolzen Preisen auf den Tisch. Sie werden ein feines Gespür benötigen, um den Braten früh genug zu riechen. Ansons-

Genießen nach Burgunder Art: Aus bäuerlichen Wurzeln ist auf fruchtbarem Boden ein Olymp für Gourmets gewachsen

ten hilft es Ihnen nur, sich auf die gern gegebenen Empfehlungen der Einheimischen zu verlassen. Und outen Sie sich nicht gleich als Fremder, indem Sie einen Tisch einfach so in Beschlag nehmen: In Frankreich weist der Kellner den Platz zu.

SPEISEN

andouillette de Chablis – Wurst aus Schweineinnereien in Weißwein
bœuf bourguignon – in Rotwein mariniertes Rindergulasch mit Karotten, Speck und Champignons
civet de lièvre – Hasenpfeffer in Rotwein mit Zwiebeln, Speck und Pilzen
coq au Chambertin – in bestem Gevrey-Chambertin zubereitetes Hähnchen
escargots de Bourgogne – Burgunder Schnecken mit Champignons
flamusse aux pommes – Apfelauflauf mit einer Biskuithaube
fondue bourguignonne – Fondue mit Rinderfilet und diversen Saucen
grapiau – Speckpfannkuchen aus dem Nivernais
jambon braisé à la lie du vin – in Hefewein gekochter Schinken
jambon persillé – gekochter Schinken in Petersiliengelee
œufs en meurette – pochierte Eier auf Toastbrot mit angedickter Rotweinsauce und Speck
pain d'épice – Gewürz- oder Honigkuchen aus Dijon
paupiette de veau – gefüllte Kalbsroulade
pôchouse – verschiedene Süßwasserfische werden in Weißwein zu einer Suppe gekocht und mit Croûtons serviert
poire belle dijonnaise – Birne mit einem Sorbet aus Cassis
quenelle de brochet – Hechtklößchen, oft in Bärlauchsauce
queue de bœuf à la vigneronne – Ochsenschwanz mit Weintrauben
sauce bourguignonne – dunkle Sauce aus Rotwein, Schalotten, Thymian, Lorbeer und Petersilie

Reizvolles Farbenspiel am Hôtel-Dieu in Beaune

NUITS-SAINT-GEORGES

(🗺 10/C2) **Das geschäftige Städtchen kringelt sich um die Grand'Rue, die Hauptachse im Ort.**

Das Wahrzeichen ist der *Beffroi*, ein weinberankter Belfried von 1619. Das *Musée d'Histoire et d'Archéologie (Mai–Okt. Mi–Mo 10–12 und 14–18 Uhr | 2,20 Euro)* hütet gallorömische Funde von einer nahen Ausgrabungsstätte. Im *Cassissium (April–Mitte Nov. tgl. 10–13 und 14–19, Mitte Nov.–März Di–Sa 10.30–13 und 14.30–18 Uhr | 9 Euro | 8, passage Montgolfier | www.cassissium.fr)* wird derweil das Geheimnis edler Johannisbeerliköre gelüftet. Das *Imaginarium (tgl. außer Mo morgens 10–17.30, Vinothek bis 19 Uhr, Nov.–März Mo geschl. | 7,50 Euro | avenue du Jura | www.imaginarium-bourgogne.com)* ist ebenfalls dem Alkohol gewidmet, diesmal Schaumweinen *(crémants)*.

BEAUNE

(🗺 10/B2) **Zwar ist Beaune wesentlich kleiner als Dijon, jedoch der ältere Regierungssitz. Erst im 14. Jh. zogen die Herzöge nach Dijon um.**

Durch den Weinhandel hat sich die Stadt mit ihren 22 000 Einwohnern schließlich ein Stück Macht zurückerobert und mit dem Hôtel-Dieu ein wirkliches Highlight bewahrt. Kehrseite der Touristenströme sind hohe Preise und teils schlechte Restaurants. Achten Sie vor allem an der place Carnot darauf, nicht in eine dieser Touristenfallen zu geraten. Dagegen warten in den Gassen ringsum versteckte Schätze: lauschige Innenhöfe, verlockende Weinkeller und an der place Monge alte Palais.

SEHENSWERTES

COLLÉGIALE BASILIQUE NOTRE-DAME

Diese Kollegiatskirche (12. Jh.) wurde mehrfach umgestaltet. Werfen Sie aber unbedingt einen Blick in den Chor mit einer Sammlung von Tapisserien aus dem 15. Jh.; es lohnt sich. *Kirche: ganzjährig tgl. 8.30–19 Uhr | Eintritt frei; Chor: Mitte März–Mai, Okt.–Mitte Nov. Fr/Sa 10–13, 14–18, So 14–18, Juni–Sept. Mi–Mo 10–13, 14–18, So 14–18 Uhr | Eintritt frei, Führung 3 Euro | place du Général Leclerc*

HÔTEL DES DUCS DE BOURGOGNE

Das berühmte Palais der Herzöge von Burgund, ein Ensemble aus Fachwerk (14.–16. Jh.), beherbergt ein Museum zur Geschichte des Weinbaus. *April–Sept. Mi–Mo 10–13, 14–18, März, Okt./Nov. Mi–So 11–18 Uhr | 5,80 Euro | www.musees-bourgogne.org*

HÔTEL-DIEU ★

Bunte Dachziegel im Innenhof des Hôtel-Dieu zählen zu den begehrtesten Fotomotiven Burgunds. Ebenso eindrucksvoll ist der Blick in den 52 m langen Krankensaal, in dem 28 Betten für die Armen so stehen, als sei es Zeit für die Visite. Das 1443 von Kanzler Nicolas Rolin gegründete und bis 1971 tätige Spital kurierte mit weltlicher und geistlicher Medizin. Die Kranken – der erste Patient wurde am 1. Januar 1452 aufgenommen –, die zu zweit in einem Bett lagen, blickten in Richtung eines Flügelaltars, der das „Jüngste Gericht" zeigte: Die Reinen wurden mit dem Himmelreich belohnt, die Sünder kamen in die Hölle. Das 1443–51 geschaffene Werk wird Rogier van der Weyden zugeschrieben und hängt heute in der *Salle du Polyptyque.* Auch Küche und Apotheke sind beim Rundgang zu sehen. *Mitte März–Mitte Nov. tgl. 9–18.30, Mitte Nov.–Mitte März 9–11.30, 14–17.30 Uhr | 7,50 Euro | 2, rue de l'Hôtel-Dieu | www.hospices-de-beaune.com*

INSIDER TIPP MOUTARDERIE FALLOT

Nichts geht über eigenen Senf. Den dürfen Sie in der letzten Senffabrik herstellen, die noch als echter Familienbetrieb arbeitet. *Ganzjährig Betriebsführungen Mo–Sa | reservieren (!) über Tel. 03 80 22 10 10, www.fallot.com oder über das Office de Tourisme, Tel. 03 80 26 21 30 | 10 Euro | 31, rue faubourg Bretonnière*

MUSÉE DES BEAUX-ARTS

Ein im 19. Jh. zum Weinlager umgebautes Stadttor beherbergt heute das Musée des Beaux-Arts mit Gemälden und archäologischen Fundstücken. Zu sehen sind u. a. die impressionistischen Bilder des in Beaune geborenen Malers Félix Ziem. *April–Sept. Mi–Mo 10–13,*

FARBIGE DACHMUSTER

Kunstexperten schreiben den bunten Dächern Burgunds flämischen Ursprung zu. In der Tat reichte das Herzogtum der Grands Ducs bis hinauf nach Flandern, doch das Muster der farbig glasierten Dachpfannen ist so sehr ein Abbild des herbstlichen Weinlaubs, dass die Dächer einfach in der Bourgogne verwurzelt scheinen. Prächtige Beispiele hierfür sind das Hospiz in Beaune und die Kathedrale von Dijon. Die Muster sind immer geometrisch: Rauten, Zickzacklinien, Fischgrätmuster, Flechtwerk. Die bunten Dächer signalisierten Reichtum. Außer Kirchen sind Stadtpalais und Schlösser damit gedeckt, wie etwa das Hôtel de Vogüé in Dijon oder das Château von La Rochepot.

14–18, März, Okt./Nov. Mi–So 11–18 Uhr | 5,80 Euro | 6, boulevard Perpreuil | www.musees-bourgogne.org

STADTMAUER

Entlang der fast intakten Mauer aus dem 15./16. Jh. führt Sie ein Spaziergang, teils unter Platanen, einmal im Kreis um das Herz von Beaune.

EINKAUFEN

Sorgfältig nach alten Vorbildern ausgeführt sind die INSIDER TIPP Tapisserien, die der Shop des Hôtel-Dieu anbietet. Eine Weinhandlung mit gut 200 Jahren Erfahrung ist *Patriarche Père et Fils (5–7, rue du College | www.patriarche.com)*. Adäquate Utensilien vom Weinglas bis zum Korkenzieher gibt's im *Athenaeum de la Vigne et du Vin (5, rue de l'Hôtel-Dieu | www.athenaeum.com)*.

ZIELE IN DER UMGEBUNG

CHÂTEAU DU CLOS DE VOUGEOT ★ (10/C2)

Das Fest der *Trois Glorieuses* versammelt Prominenz aus ganz Europa im Clos de Vougeot, dem Sitz der *Confrérie des Chevaliers du Tastevin*. Das Renaissance-Château mit Wirtschaftsgebäuden aus dem 12. Jh. gehörte bis zur Französischen Revolution der Abtei von Cîteaux. Unter dem Schloss erstreckt sich ein gewaltiger Felskeller, der bis zu 2000 Fässer aufnimmt. Zu besichtigen sind zudem vier gewaltige Pressen sowie eine Sammlung von Tastevin-Schalen. *April–Okt. tgl. 9–18.30, Sa bis 17, Nov.–März tgl. 10–17 Uhr | 7,50 Euro | www.closdevougeot.fr*

CHÂTEAU DE LA ROCHEPOT ★ (10/B3)

Grandios ist der Blick aus der Ferne auf dieses mächtige Schloss, das sich über dem geduckten Dorf (250 Ew., 15 km südwestl. von Beaune) erhebt. Eindrucksvoll ist auch der Besuch des Adelssitzes aus dem 15. Jh., obwohl er größtenteils rekonstruiert ist. Während der Revolution zerstört, wurde das Schloss im 19. Jh. mit romantisierenden Elementen wieder aufgebaut. *Juli/Aug. Mi–Mo 10–18.30, März–Juni, Sept.–Nov. 10–17.30 Uhr | chateau-de-la-rochepot.com*

AUTUN

(10/A3) **Autun, das Tor zum südlichen Morvan, fügt sich harmonisch in die satten Weiden- und Waldhügel ein – um mit jeden Kilometer, den Sie sich der 2000 Jahre alten Stadt nähern, wieder in der bukolischen Landschaft zu versinken.**

Von der Kathedrale, die ihre Türme über die Häuser reckt, ist von den tieferen Gassen des Orts aus nichts mehr zu sehen. An ihrer Stelle soll früher ein Druidenheiligtum gestanden haben. Zu seinen Füßen gründete Cäsars Erbe Augustus nach den letzten Gefechten des Gallischen Kriegs eine neue Siedlung. Dieses *Augustodunum* wurde die Metropole der Eroberer in Burgund. Von der Pracht künden die Reste zweier Tore, eines Tempels und eines Amphitheaters.

SEHENSWERTES

CATHÉDRALE ST-LAZARE

Das ★ *Tympanon* über dem Westportal zeigt ein in Stein gefasstes Weltgericht, das Meister Gislebertus, der vielleicht begabteste burgundische Steinmetz seiner Epoche, geschaffen hat. In seiner Interpretation des Jüngsten Gerichts entscheidet die Seelenwaage, wer zur Hölle fährt und wer ins Paradies aufsteigt. Gemäß der mittelalterlichen Bedeutungsperspektive ragt der 3 m hohe Christus riesengroß neben den Sündern auf. Die Abstraktion der gestreckten Körper missfiel den Menschen im 18. Jh.: Sie legten eine dicke Gipsschicht über die Skulpturen und bewahrten sie damit unfreiwillig vor dem Bildersturm der Revolution. Die Gebeine des hl. Lazarus, die angeblich 1079 nach Autun gelangten und die Stadt zum Pilgerziel für Leprakranke machten, ruhen heute in einem Glasschrein am Hochaltar. Die wichtigsten Werke in der Kathedrale bleiben aber die Figurenkapitelle. *Place St-Louis*

Das Weltgericht ziert die Cathédrale St-Lazare

MUSÉE ROLIN

Gegenüber der Kathedrale ließ Kanzler Nicolas Rolin, Stifter des berühmten Hôtel-Dieu in Beaune, ein Palais errichten. Darin sehen Sie archäologische Funde aus der Region, eine Sammlung französischer und flämischer Gemälde sowie Fragmente vom Grabmal des Lazarus aus Autuns Kathedrale. Publikumsmagnet ist die *Versuchung Evas*, ein Rest des romanischen Nordostportals von St-Lazare. Meister Gislebertus schuf eine liegende Eva, die ursprünglich den Türsturz der Kathedrale zierte. Die Plastik mit dem verheißenden Lächeln und dem verführerisch hingestreckten Körper gilt als ein Schlüsselwerk der burgundischen Romanik. *Juli–Sept. 10–13, 14–18, Feb.–Nov. Mo, Mi–Sa 10–12, 14–17, Di, So 14–17 Uhr | 6 Euro | 5, rue des Bancs*

RÖMISCHE STADTTORE

Das römische *Augustodunum* war größer als das heutige Autun. Von vier Toren in der 6 km langen Stadtmauer haben sich die *Porte d'Arroux (rue du Faubourg)* und die *Porte St-André (rue de la Croix Blanche)* erhalten. Beide bestehen aus zwei Durchfahrten für Wagen, zwei Portalen für Fußgänger und flankierenden Türmen. Die *Porte St-André* diente im Mittelalter als Wachturm und Kapelle, dort finden sich Reste von Fresken.

TEMPLE DE JANUS

Am Nordrand der Stadt steht ein 24 m hohes Relikt der Römerzeit, bekannt als Janustempel. Zwar gibt es Hinweise auf eine Nutzung als Heiligtum, nicht aber darauf, welcher Gottheit der Turm aus dem 1. Jh. n. Chr. tatsächlich geweiht war.

THEÂTRE ROMAIN

Frei zugänglich wie alle antiken Baudenkmäler ist auch das mit 148 m Durchmesser größte römische Theater Galliens. Die Römer hatten Ränge für rund 15 000 Zuschauer in den Hang geschlagen. An Sommerwochenenden können Sie im Theater die Römerzeit bei einer Ton-/Lichtschau nacherleben. *Eingang avenue du 2e Dragon*

BURGUND

Burgund ist eine Farbe: Rot. Sie begegnen ihr, wenn Sie in dunkle Keller steigen und mit genussvoller Mäßigung den Weingläsern auf den Grund schauen. Als komplementären Farbkontrast präsentiert die Region das satte Grün ihrer sanft gewellten Hügel mit blauem Himmel und Sommersonne. Nicht nur wegen der zentralen geografischen Lage nennt sich Burgund „das Herz Frankreichs". Gemeint ist *la douce France*, ein sanftes, großzügiges Frankreich, eins der ländlichen Wonnen, was bei Franzosen dem Paradies gleichkommt.

KLIMA

Sonnenreiche, warme bis heiße Sommer sind gute Bedingungen für den Wein und für einen gelungenen Aufenthalt. Der Midi-Wind garantiert milde Temperaturen in Frühjahr und Herbst. Der Winter ist ungemütlich kalt und regenreich. Im Morvan müssen Sie zu jeder Jahreszeit mit bedecktem Himmel und Nässe rechnen.

NATUR

Ein Umdenken in der Landwirtschaft hin zum Verzicht auf den Einsatz auf Pestizide und Fungizide zeigt erste Erfolge bei der Wiederansiedlung seltener Arten: So gewinnt die Loire dank strikten Uferschutzes alte Bewohner wie Uferschwalben und Eisvögel zurück, in den Wäldern um Châtillon-sur-Seine brütet erneut der Schwarzstorch. Im landwirtschaftlich nur wenig genutzten Morvan ist die Wasserqualität so gut, dass Flusskrebse, Neunauge sowie Lachs sich stark vermehren. Und auch ansonsten konnte die Wasserqualität der Flüsse und Seen durch Kläranlagen entschieden verbessert werden. Fauna und Flora profitieren von der geringen Bevölkerungsdichte und damit weniger Emissionen menschlichen Ursprungs: Im Vergleich zu anderen Regionen Frankreichs kann Burgund einen Rekordwert verbuchen: 179 Tier- und 158 Pflanzenarten stehen hier unter Naturschutz.

LANDSCHÖNHEITEN

Hinter der Dorfsilhouette mit dem obligatorischen Kirchturm glüht der Horizont klatschmohnrot. Eine Idylle! Gleich in fünf Orten in Burgund begegnet Ihnen das Logo des Vereins Les Plus Beaux Villages de France: in Noyers-sur-Serein, Châteauneuf-en-Auxois, Semur-en-Brion-

Ländliche Gemütlichkeit, großartiger Wein und eine eigenwillige Schriftstellerin – Burgund ist traditionsverbunden und facettenreich

nais, Vézelay und Flavigny-sur-Ozerain. Dörfer, die aufgenommen werden möchten, müssen mit einem geschlossenen und außergewöhnlichen Architekturensemble locken und dürfen nicht mehr als 2000 Einwohner zählen. Schließlich liegt das eigentliche Ziel des Vereins in der Förderung des Tourismus auf dem Land. Einmal aufgenommen, fließen die Zuschüsse für Restaurierungsprojekte ebenso reichlich, wie die Besucher strömen *(www.les-plus-beaux-villages-de-france.org/fr)*.

CHAROLAIS-RINDER

Charolles liegt an einem Nebenfluss der Loire, ein unscheinbares Örtchen, von dem aus der Bauer Claude Mathieu 1773 nach Norden gezogen sein soll, um seinen weißen Rindern neues Weideland zu erschließen. Längst hat sich die Rasse über Burgund verbreitet und ist wegen des zarten Fleischs zum Exportschlager geworden. In Frankreich ist das Charolais die am meisten verbreitete Milchviehrasse. Charolles selbst bewahrte seine Viehmärkte, wobei dort allerdings zunehmend Schafe den Besitzer wechseln. Das eindrucksvollere Spektakel findet ohnehin in St-Christophe-en-Brionnais statt, wo sich die Züchter zu einem der größten Rindermärkte Frankreichs treffen.

COLETTE

Sie schrieb die „Claudine-Romane" für Ihren Ehemann Henry „Willy" Gauthier-Villars. Der Stoff stammte wie Sidonie Gabrielle Colette selbst aus St-Sauveur-en-Puisaye in Burgund. Unter eigenem Namen schrieb sie erst nach ihrer Trennung von Willy, war auch als Journalistin tätig, trat im Varieté auf und wurde ausnahmsweise als weibliches Mitglied in die Ehrenlegion aufgenommen. Über ihren Ruhm freute sich das oftmals pikierte St-Sauveur so recht erst nach ihrem Tod im Jahr 1953 und richtete im Schloss ein Colette-Museum ein.

TOURNUS

(🕮 10/C4) **Licht und Schatten bilden scharfe Kontraste in Tournus (6200 Ew.): hier das strahlende Ufer der Saône mit dem eindrucksvollen Blick auf die Altstadt und die Abteikirche St-Philibert, dort die lange, dunkle Hauptgasse mit ihren Geschäften, die dem Lauf des Flusses folgt.**

Trotz der attraktiven Lage des Orts, der kunsthistorischen Bedeutung seiner Abtei und der landschaftlichen Verlockungen ringsum bleibt Tournus ein touristisches Mauerblümchen. Schade! Denn die romanischen Kirchen zählen zu den bedeutendsten Burgunds. Und kaum ein Ort blieb über die Jahrhunderte so unversehrt. Ein Schutzring aus Wehrtürmen, Mauern und Pforten umgibt die *Abteikirche St-Philibert* aus dem 11. Jh.

SEHENSWERTES

HÔTEL-DIEU/MUSÉE GREUZE

Häuser in südlich anmutenden Pastellfarben umgeben das Hôtel-Dieu aus dem 18. Jh. Da es bis 1982 als Apotheke und Krankensaal diente, vermittelt es Ihnen ein authentisches Bild vom einstigen Gesundheitswesen. Im Haus werden zudem Originale und Kopien des in Tournus geborenen Malers Jean-Baptiste Greuze (1725–1805) gezeigt. *April–Okt. Mi–Mo 10–13, 14–18 Uhr | 5 Euro | 21, rue de l'Hôpital*

ST-PHILIBERT ★

Der Turm von St-Philibert prägt das Flusspanorama und die Altstadt. Keimzelle ist das Grab des 179 enthaupteten Valerian, über dem ein frühchristliches Kloster entstand. Zugewanderte Mönche der Atlantikinsel Noirmoutier bauten es aus, errichteten aber nach einem Brand eine neue Kirche für ihren Schutzheiligen Philibert.

Die überragende Bedeutung des Bauwerks liegt darin, dass es hier erstmals gelang, eine weite Halle mit einem Steingewölbe zu decken und dennoch Fensteröffnungen in der Dachzone zu belassen. Entsprechend mächtig sind die tragenden Säulen. Schmuck wurde

Die Türme von St-Philibert überragen die Häuser von Tournus

sparsam eingesetzt, doch können Sie an einem Bogen einen Handwerker und die Inschrift „Gerlanus" entdecken – möglicherweise ein besonders frühes Künstlerporträt. Die erhaltenen Teile des Klosters beherbergen heute das *Centre International d'Études Romanes (Juli/ Aug. tgl. 8–19, sonst bis 18 Uhr | 7, place des Arts | www.art-roman.org)*.

ZIEL IN DER UMGEBUNG

CHÂTEAU DE CORMATIN ★ *(🕮 10/B4)*

Weil das Schloss einst dem Direktor der Oper von Monte Carlo gehörte, wohnten erlauchte Besucher wie der Tenor Enrico Caruso hinter den Mauern. In diese Zeit gehören allerlei verspielte Zutaten, doch stammt das Château (24 km westl. von Tournus) aus dem frühen 17. Jh. Im Garten erwarten Sie ein großes *Labyrinth* und ein *Freilichttheater. Ostern–Mitte Nov. tgl. 10–12, 14–17.30, Mitte Juli–Mitte Aug. 10–18.30 Uhr | Führung 10 Euro, nur Park und Säle des 19. Jh.s 6 Euro | www.chateaudecormatin.com*

FARGES-LES-MÂCON

Nur etwa 200 Einwohner zählt das Dörfchen knapp 10 km südlich von Tournus, und doch wartet es mit einer sehenswerten Kirche auf, deren Ursprünge auf das 10. Jh. zurückgehen. St-Barthélémy wurde aus dem für die Region typischen Kalkstein errichtet; unübersehbar reckt sich der Vierungsturm gen Himmel.

MÂCON

(🕮 12/B2) **In Mâcon haben die stattlichen Häuser entlang der Saône mit ihren Pastellanstrichen, den hohen Fenstern und bunten Holzläden alle Traditionen Burgunds aufgegeben, um schon auf die Provence einzustimmen.**
Von der Brücke *St-Laurent* (18 Jh.) haben Sie das hübsche Panorama im Überblick. Die Stadt (34 500 Ew.), in der schon Gallier Handel trieben, wurde leider so oft verwüstet, dass ihre große Vergangenheit nur wenige Denkmäler hinterlassen hat. Selbst von der alten Kathedrale *St-Vincent* steht nur noch ein Rest.

Bis an die Stadtgrenzen reichen die Weinberge des Mâconnais, in dem fruchtige Weißweine und sonnenverwöhnte Rotweine gekeltert werden. Entsprechend zahlreich prägen Händlerdomizile des frühen 19. Jh.s das Bild der Stadt.

SEHENSWERTES

HÔTEL-DIEU

Wahrzeichen des frühklassizistischen ehemaligen Krankenhauses ist die imposante Kuppel. Die vertäfelte Apotheke von 1775 besitzt eine umfangreiche Apothekergefäßsammlung. *Juni–Sept. Di–So 14–18 Uhr, in der Nebensaison Anmeldung unter Tel. 03 85 39 90 38 | Eintritt frei | rue du 11 Novembre 1918*

Bedeutendes Glaubenszentrum: Cluny

INSIDER TIPP LA MAISON DU BOIS
Relikt des frühen Mâcon ist dieses mit herrlichem Schnitzwerk verzierte Fachwerkhaus aus dem 15./16. Jh. Die gleichnamige *Brasserie (tgl. | Tel. 03 85 38 65 62 | €€)* im Erdgeschoss hat leider wenig Rücksicht auf Denkmalschutz genommen. *13, place aux Herbes*

MUSÉE DES URSULINES
Bunt gewürfelt ist die städtische Sammlung im ehemaligen Ursulinenkloster (17. Jh.): Heimatkunde, Ethnologie, Malerei bis hin zur klassischen Moderne, Geschichte der Luftfahrt und Keramik. Am bedeutendsten aber sind die prähistorischen Funde von Solutré. Seit dem Jahr 2016 beherbergt das Musée des Ursulines auch die Sammlung des früheren Musée Lamartine, das dem französischen Romantiker Alphones de Lamartine (1790–1869) und seinem Schaffen gewidmet war und vor seiner Schließung im sehenswerten Hôtel Senecé aus dem 18. Jh. beheimatet war. Im übrigen Frankreich kaum mehr gelesen, erhalten die Bücher Lamartines, der nicht nur Schriftsteller, sondern auch politisch engagiert war, in seinem Geburtsort weiterhin einen Ehrenplatz. *Di–Sa 10–12, 14–18, So 14–18 Uhr | 6 Euro | 5, rue de la Préfecture*

VIEUX ST-VINCENT
Seit dem Sturm der Französischen Revolution von 1789 stehen von der sogenannten Alten Kathedrale lediglich noch die romanische Vorhalle und zwei achteckige Türme. Zerstört wurde u. a. der Glockenturm des Gotteshauses. Das *Lapidarium* in der Ruine zeigt antike Sarkophage und steinerne Überreste eines ehemaligen Cordeliers-Klosters. *Juni–Sept. Di–Sa 10–12, 14–18, So 14–18 Uhr | Eintritt frei | 240, rue de Strasbourg*

CLUNY

(🕮 12/B1) **Zwei Jahrhunderte dauerte es seit der Gründung um 910, bis aus einer unscheinbaren Kapelle die größte Kirche außerhalb Roms wurde.**

Cluny III war 187 m lang, hatte fünf Langhausschiffe zwei Querhäuser und einen Wald von Türmen. Von hier aus organisierten die Benediktiner das Klosterwesen entlang der Pilgerstraßen und gründeten Filialen in ganz Europa. Sein Ende kam mit der Französischen Revolution; die Abtei wurde aufgelöst, das architektonische Kunstwerk, das die Jahrhunderte überdauert hatte, als Steinbruch missbraucht. Der heutige Ort ★ *Cluny* (25 km nordwestl. von Mâcon, 4400 Ew.) ist größtenteils aus diesem Material errichtet. In seinem Zentrum erhebt sich noch der *Clocher de l'Eau Bénite,* eindrucksvoll genug, aber letztlich nur ein kümmerlicher Rest des einstigen Wunders. Teile des Klosters, darunter der barocke *Kreuzgang,* haben sich ebenfalls erhalten, nachdem die Abrisswut 1823 beendet wurde. Im alten *Kornspeicher* (13. Jh.) sind Kapitelle

BENEDIKTINER & ZISTERZIENSER

Schon im frühen Christentum trachteten Mönche danach, der dekadenten Welt der Spätantike zu entfliehen. Im 5. Jh. verfasste Benedikt von Nursia strenge Klosterregeln, die später der Benediktinerorden übernahm. Im Zentrum stand neben Mildtätigkeit und Nächstenliebe die Formel „Ora et labora", bete und arbeite. Doch gerade dieses Armutsideal geriet mit der zunehmenden Macht des Mutterklosters Cluny, von dem aus einst die Geschichte Europas gelenkt wurde, zur sinnleeren Formel. Nachdem Guillaume der Fromme auf alle Rechte an seiner Klostergründung verzichtet hatte, konnte sich Cluny ungewöhnlich frei entfalten und im Lauf seiner Geschichte über 2000 Tochterklöster gründen. Die Einnahmen aus der Jakobspilgerschaft ließen das Kloster florieren und ermöglichten ab 1088 den Ausbau der Abtei zu einem wahren Weltwunder: 187 m lang, darüber ein Wald von Türmen.

Während der Französischen Revolution wurde die Abtei als Nationaleigentum an einen Bauunternehmer verkauft. Der begann mit dem Abriss, um Baumaterial zu gewinnen. Allein für das Tympanon über dem Westportal brauchten die Sprengmeister 1810 neun Tage. Erst 1823 wurde der Raubbau gestoppt.

Noch im Ruinenfeld aber lässt sich das gigantische Ausmaß der Abtei erahnen. Clunys Macht und Reichtum erschienen manchen als Verrat an den benediktinischen Ideen der Askese und Demut. Robert de Molesme errichtete 1098 daher ein unabhängiges Kloster in Cîteaux, das durch Selbstversorgung und Bescheidenheit zu den geistlichen Wurzeln zurückkehren wollte. Um Cîteaux als Keimzelle des bald ebenfalls mächtigen Zisterzienserordens entstanden Tochterklöster. Deren Erbauer verzichteten jedoch – im Unterschied zu den Benediktinern – auf einen reichen, überbordenden Schmuck. Entsprechend verkörpert Fontenay, Burgunds besterhaltenes Zisterzienserkloster, einen nüchternen Geist mit einem hellen Chor als symbolischem Sitz Gottes.

Erhalten geblieben: Notre-Dame in Cluny

verwahrt, die nicht in die Hände der Sprengmeister fielen. Weitere Überbleibsel und einen immer noch stattlichen Teil der Bibliothek zeigt das *Musée d'Art et d'Archéologie* im früheren Palais des Abts Jean de Bourbon. Gesamtkomplex: *ganzjährige Kernöffnungszeiten tgl. 9.30–17.00, Juli/Aug. bis 19 Uhr | 9,50 Euro | www.cluny-abbaye.fr*
Die Residenz der späteren Äbte Jacques und Geoffroy d'Amboise dient heute als Rathaus. Bei den Kirchen *Notre-Dame* und *St-Marcel* sollten Sie den romanischen Turm besteigen, um einen Blick auf Cluny zu werfen.

BELLEVILLE-SUR-SAÔNE

(🕮 12/B2-3) **Bereits seit der Eisenzeit sollen auf dem Gebiet des heutigen Belleville-sur-Saône Menschen gelebt haben, wie archäologische Funde belegen. Auch die Römer machten es sich hier eine Zeit lang gemütlich, die Reste eines landwirtschaftlichen römischen Anwesens wurden im Parc Lybertec entdeckt.** Heute hat Belleville-sur-Saône ca. 8300 Einwohner und liegt im bekannten Weinanbaugebiet Beaujolais. Wie in vielen anderen Orten entlang ihrer Ufer spielte die Saône über Jahrhunderte hinweg auch für Belleville-sur-Saône eine bedeutende Rolle: Neben dem Wein wurden auch Weizen, Holz und Öl gehandelt.

SEHENSWERTES

HÔTEL-DIEU

Im 18. Jh. als Haus zur Pflege von Armen der Region gegründet und bis zum Jahr 1991 noch in dieser Funktion betrieben, dokumentiert das Hôtel-Dieu in drei Räumen mit historischen Krankensälen, umfangreicher Apotheke und zahlreichen medizinischen Gerätschaften eindrucksvoll die einstige Tradition der Armen- und Krankenpflege. Zu sehen sind darüber hinaus zwei Kapellen. *68, rue de la République | Okt.–Juni Di, Sa 10–12, 14–17, Aug.–Sept. Di, Sa 10–12, 14–17, So 15–17 Uhr, geführte Besichtigungen Mai–Okt. Mi–Fr 10, 16, Sa 17, Juli–Sept. zusätzlich So 17 Uhr*

NOTRE-DAME

Ende des 12. Jh.s entstand auf Betreiben Humberts III., Herr von Beajeu, ein Kloster des Augustinerordens, in dessen Kirche seine Familie auch ihre letzte Ruhestätte fand. Geblieben ist von dem einstigen Kloster nur noch die Kirche; in ihren äußeren Grundzügen deutlich noch romanisch geprägt, zeigt sie im Inneren auch Bauelemente der Gotik sowie bildliche und figürliche Darstellungen an den Kapitellen. Sehenswert ist auch das aufwendig gestaltete Rosettenfenster im Portal. *7, place de l'Église*

TRÉVOUX

(🕮 12/B3) Trévoux (6700 Ew.), ca. 20 km nördlich von Lyon gelegen, besitzt ein reiches architektonisches Erbe aus dem 17. und 18. Jh., als es die Hauptstadt des Herzogtums Dombes war.
Bedeutung erlangte Trévoux aber schon Jahrhunderte eher, als es im Zuge des Vertrags von Verdun im 9. Jh. zur Grenzstadt zwischen Frankreich und dem Römisch-Deutschen Reich wurde, das Zollrecht erhielt (13. Jh.) und knapp zwei Jahrhunderte später wehrhaft befestigt und zur Hauptstadt des Herzogtums ernannt wurde. Seine Blütephase erlebte Trévoux unter den Bourbonen ab dem 16. Jh. Das historische Erbe des Ortes können Sie bei einem Spaziergang besichtigen und sich in der mittelalterlich geprägten Altstadt von den prächtigen Bürgerhäusern faszinieren lassen. Nicht ganz so alt wie manch anderes in Trévoux ist die alte Hängebrücke über die Saône, ein schönes historisches Monument von 1851 und nur für Fußgänger zugelassen.

SEHENSWERTES

PARLEMENT DE DOMBES

Der Palast des Parlamentes datiert aus der Zeit, als Trévoux Hauptstadt des Herzogtums Dombes war, und wurde 1703, wenn auch unfertig, eingeweiht. Beeindruckend sind die aufwendigen Wand- und Deckenmalereien im ehemaligen Gerichtssaal, die das Thema Gerechtigkeit in verschiedenen Formen aufgreifen. *Geführte Besichtigungen ab dem Office de tourisme Ars Trévoux, place de la Passerelle*

CHÂTEAU FORT DE TRÉVOUX

Auch wenn sie heute nur noch als Ruine erhalten ist, zeugt die Burg von Trévoux, im Zuge der Stadtbefestigung Ende des 13. Jh.s errichtet, von der früheren Wehrhaftigkeit der Stadt. Die Ruine mit zwei Befestigungstürmen, darunter der außer-

Perfekte Lage: Trévoux am Ufer der Saône

gewöhnliche achteckige, zweifarbige Bergfried, steht auf einer Anhöhe der Stadt, die Sie in rund zehn Minuten zu Fuß vom Parlament aus erreichen. Von hier hat man einen schönen Rundumblick auf die Stadt, die Saône, die Dombes und das Beaujolais. *Allée du château-fort*

HISTORISCHE APOTHEKE

Im Zentrum können Sie am Ufer des Flusses die 1686 gegründete historische Apotheke im Hôtel Dieu besichtigen. Die alte Einrichtung ist noch komplett erhalten und man sieht auch viel vom Inventar. *Espace culturel La Passerelle*

LYON

★ **Lyon (450 000 Ew.), die drittgrößte Stadt des Landes am Zusammenfluss von Saône und Rhône, ist eine reiche Stadt.**

Biochemie- und Hightechfirmen haben die alte Druck- und Seidenindustrie abgelöst und machen Lyon heute zu einem florierenden wirtschaftlichen Zentrum. Seit ein paar Jahren ist die Stadt dabei, auch kulturell aufzuholen, mit Biennalen, Festivals, Konzerten, Theater, Kleinkunst, Oper, Ballett, Märkten, Messen und Sportevents.

LOW BUDG€T

Die *Lyon City Card* gewährt freien Eintritt in Museen, kostenlose Fahrt in den öffentlichen Verkehrsmitteln und zahlreiche andere Ermäßigungen. Bei Vorbestellung im Internet auf *ww.lyoncitycard.com* kostet die Karte je nach Gültigkeitsdauer (24/48/72 Stunden) *21,90, 29,90* oder *37,90 Euro.* Die Karte bekommen Sie dann im Fremdenverkehrsamt.

SEHENSWERTES

CROIX-ROUSSE

In diesem Viertel entdecken Sie besonders viele der für Lyons Altstadtviertel typischen *traboules* – schmale Passagen und Gänge, teils labyrinthartig miteinander verbundene Hausflure, Höfe und Treppenhäuser. Seinen Namen bekam der Hügel wegen eines roten Steinkreuzes, das vor der Revolution hier eine Wegkreuzung markierte. Heute steht das steil aufsteigende Viertel, einst Zentrum der Seidenindustrie, unter dem Schutz der UNESCO.

FOURVIÈRE *(13/A3)*

Etwas außergewöhnlich mag es erscheinen, auf einen gerade einmal 130 m hohen Hügel per Standseilbahn zu gelangen – in Lyon aber gar kein Problem, denn hier führen gleich zwei solcher Bahnen ausgehend von der Place St-Jean hinauf auf den Fourvière. Dieser wird gekrönt von der im eklektizistischen Stil errichtete Basilika Notre-Dame-de-la-Fourvière. Das Innere greift in überbordender Farbenpracht den römisch-byzantinischen Stil auf – und datiert dabei nicht aus der entsprechenden Epoche, die Basilika wurde erst 1896 geweiht. Nach der opulenten Farbsinfonie können Sie Ihren Blick vom Aussichtsturm der Basilika, der Tour de l'Obervatoire, weit über die Umgebung schweifen lassen.

LUGDUNUM MUSÉE & THÉÂTRES ROMAINS *(13/A3)*

Wer sich für die Geschichte Lyons von der Antike bis in das Mittelalter interessiert, wird in diesem Museum in der Nähe der beiden früheren römischen Theater auf dem Fourvière-Hügel fündig. Allein die

Eng rückt die Altstadt von Lyon an die Saône heran

Konstruktion ist außergewöhnlich, das 1975 eröffnete Museum ist teilweise in den Hügel hineingebaut. *17 rue Cléberg | lugdunum.grandlyon.com | Di–Fr 11–18, Sa, So 10–18 Uhr*

MUSÉE DES BEAUX-ARTS *(🕮 13/B-C2)*
Das Museum zeigt eine der reichsten Gemäldesammlungen Frankreichs mit Werken von Paolo Veronese, Peter Paul Rubens, Claude Monet, Pablo Picasso und Henri Matisse. *20, place des Terreaux | www.mba-lyon.fr | Mi/Do und Sa–Mo 10–18, Fr 10.30–18 Uhr*

MUSÉE LUMIÈRE
Im Wohnhaus der Familie Lumière entwickelten Auguste und Louis, die von der Produktion von Fotoplatten lebten, den Kinematografen. *21, Rue du 1er Film | www.institut-lumiere.org | Di–So 10–18.30 Uhr*

PRESQU'ÎLE *(🕮 13/B-C2-4)*
Die Halbinsel zwischen Saône und Rhône ist gepflastert mit Plätzen. Zwei der schönsten sind die große, rechteckige *Place Bellecour* und die *Place des Terreaux* am Rathaus. Ansonsten ist die Halbinsel ein Ausgeh- und Einkaufsparadies *(Rue du Président Édouard Herriot)*. Ganz im Süden am Zusammenfluss von Rhône und Saône errichten internationale Stararchitekten auf Industriebrachen bis 2030 INSIDER TIPP *La Confluence (www.lyon-confluence.fr)*. Hingucker sind Architekturikonen wie die beiden Würfel *Cube Orange* und *Cube Verte* von Jakob + MacFarlane sowie das *Musée des Confluences (86, quai Perrache | www.museedesconfluences.fr | Di, Mi und Fr 11–19, Do 11–22, Sa/So 10–19 Uhr)* von Coop Himmelb(l)au, das die Entwicklung, Träume und Grundfragen der Menschheit in Zeit und Raum verständlich machen will.

VIEUX LYON *(🕮 13/A-B2-3)*
Die hübsche Altstadt (UNESCO-Weltkulturerbe) auf der rechten Seite der Saône ist ein Amüsier- und Flanierviertel zwischen alten Fachwerkhäusern, engen, gepflasterten Gassen und schönen Hö-

fen aus der Renaissance. Die wichtigste Straße ist die *Rue Saint-Jean* mit der Kathedrale.

ESSEN & TRINKEN

INSIDERTIPP LE CAFÉ DES FÉDÉRATIONS *(13/B2)*

In Lyon muss man einfach einmal in einem typischen *bouchon* mit seinen deftigen Gerichten gegessen haben. Dies ist eines der besten dieser urigen Bistros. *8–10, rue du Major-Martin | Tel. 04 78 28 26 00 | www.lesfedeslyon.com | So geschl. | €–€€*

LE NORD *(13/C2)*

Franck Barrouilhet führt die Bocuse-Brasserie auf der Presqu'Île im Sinn des Kochs der Nouvelle Cuisine. Vor den langen roten Kunstlederbänken werden die Köstlichkeiten des Hauses serviert – durchaus zu humanen Preisen. *18, rue Neuve | Tel. 04 72 10 69 69 | www.brasseries-bocuse.com | tgl. | €–€€*

TOURNON-SUR-RHÔNE

(15/B4) **Im weiten Tal des namensgebenden Flusses liegt Tournon-sur-Rhône (10 300 Ew.) direkt am Ufer der Rhône ca. 80 km südlich von Lyon.**

Im historischen Zentrum haben sich noch enge, mittelalterlich anmutende Gassen erhalten, und Tournon-sur-Rhône kann sich zudem rühmen, eines der ältesten Gymnasien Frankreichs zu besitzen, denn die heute staatliche Institution wurde bereits im Jahr 1536 als Jesuitenschule gegründet.

SEHENSWERTES

CHÂTEAU-MUSÉE DE TOURNON-SUR-RHÔNE

In unmittelbarer Nähe der Rhône und mitten im Stadtzentrum gelegen, ist die Burg mit ihren wuchtigen Mauern zwei-

Blick auf Tournon-sur-Rhône mit Resten der Befestigung

fellos der Blickfang der Stadt. Die Burg beherbergt ein Museum mit Exponaten u. a. zur Stadtgeschichte; von den Terrassen aus haben Sie einen wunderbaren Ausblick auf die Stadt und den Fluss. *14, Place Auguste Faure | www.chateaumusee-tournon.com | 20. März–2. Nov. tgl. 14–18, 3. Nov.–16. Dez. tgl. 14–17.30, Juli, Aug. tgl. 10–19 Uhr*

VALENCE

(🕮 15/B1) **Bereits im 2. Jh. v. Chr. gründeten die Römer an der Stelle des heutigen Valence die Kolonie Valentia.**

An der Universität, 1452 gegründet, studierte der berühmte Renaissanceschriftsteller François Rabelais, im 18. Jh. besuchte der spätere Kaiser Napoléon Bonaparte als Kadett die örtliche Artillerieschule. Heute ist Valence ein Wirtschaftszentrum im mittleren Tal der Rhône, in dessen Altstadt Sie auf hübsche Häuser mit pastellfarben gestrichenen Fassaden treffen. Die Haupteinkaufsstraße ist die Grand Rue, in der Sie mit der Nr. 57, in der Nähe der Place des Clercs, auch die *Maison des Têtes* finden, benannt nach den Köpfen, die die reich ausgestaltete Fassade zieren und u. a. die vier Winde, das Glück und Religiöses darstellen. Wundern Sie sich nicht, wenn Sie auch auf Orientalisches treffen: Die *Maison Mauresque* (das maurische Haus, *Rue Gaston Rey*) aus dem 19. Jh. zeugt von den zunehmenden Kontakten Frankreichs in die Maghrebregion und dem hieraus resultierenden künstlerischen Einfluss.

SEHENSWERTES

MUSÉE DE VALENCE ART ET ARCHÉOLOGIE

400 000 Jahre Geschichte, die anhand von über 1500 Exponaten in Szene gesetzt wird, 6 Jahrhunderte Malerei vom 15. bis zum 20. Jh., mit nicht weniger wirbt das Kunstmuseum von Valence. Beheimatet ist das Museum im früheren Bischofspalast im historischen Stadtkern von Valence in unmittelbarer Nähe zur Kathedrale St-Apollinaire. *4, place des Ormeaux | www.museedevalence.fr | Mi–So 10–12, 14–18 Uhr*

ST-APOLLINAIRE

Man glaubt es kaum, wenn man vor dem romanischen Gotteshaus mit seinen nüchternen, klaren Strukturen steht – aber der heutige Kirchenbau stammt tatsächlich nicht aus der Romanik, sondern wurde im 17. Jh. originalgetreu rekonstruiert, nachdem die ursprüngliche Kirche, die bereits 11. Jh. errichtet wurde, im Zuge der Religionskriege im 16. Jh. vollständig zerstört worden war. *4, place du Pendentif*

ZIELE IN DER UMGEBUNG

CHÂTEAU DE CRUSSOL *(🕮 15/B1)*

Gegenüber von Valence am anderen Rhôneufer liegt oberhalb von Saint-Péray das Château de Crussol aus dem 12. Jh. Der Aufstieg auf den Felssporn, auf dem die Ruine thront, wird mit einem herrlichen Ausblick auf Valence und das Tal der Rhône belohnt.

MUSÉE DE LA POGNE *(🕮 15/C1)*

Vielleicht haben Sie die für die Region typischen *pognes*, ein rundes Brioche-Gebäckstück aus Mehl, Buttern und Eiern, verfeinert mit Orangenaroma, das schon seit dem Mittelalter bekannt ist, bereits gekostet. Im Musée de la Pogne in der traditionsreichen *Boulangerie Pascalis* im ca. 19 km nordöstlich von Valence gelegenen Bourg-de-Péage können Sie sich bei einer geführten Tour einen Einblick in die Herstellung der Köstlichkeiten verschaffen – eine Verkostung ist natürlich ebenfalls möglich. *86, Grande Rue Jean Jaurès, 26300 Bourg-de-Péage | www.pascalis.com*

LA VOULTE-SUR-RHÔNE

(🕮 15/B1-2) **Am rechten Rhôneufer liegt die kleine Gemeinde La Voulte-sur-Rhône (5000 Ew.) knapp 20 km südlich von Valence in der Ardèche.**

Die Gassen des alten Ortskerns, des sogenannten *Bourg Castral* (Kastelldorf) verströmen noch mittelalterlichen Charme; hier können Sie eintauchen in die süßen Düfte, die die Bäckereien und Patisserien verströmen. Sollten Sie das Glück haben und zur Zeit des Wochenmarkts den Ort besuchen, können Sie regionale Köstlichkeiten wie Ziegenkäse und Schinken erwerben oder sich ganz einfach vom französischen Charme des Savoir-vivre begeistern lassen. Im 19. Jh. siedelten sich aufgrund der Nähe zu dem wichtigen Fluss in La-Voulte-sur-Rhône Gießereien an. Der „Sentier de Régis le mineur" nimmt Sie mit auf einen ca. einstündigen Rundgang durch den Ort aus Sicht des 10-jährigen Bergmannjungen Régis, der zu Zeiten der Hochphase der Gießereien lebte. Ein entsprechender Plan ist im Tourismusbüro (*place Etienne Jargeat*) erhältlich.

SEHENSWERTES

CHÂTEAU

Das Gassengewirr des Ortskerns wird dominiert von der oberhalb gelegenen Burg, die in ihren Ursprüngen in das 12. Jh. zurückreicht und bis zum 17. Jh. immer wieder verändert wurde. Die Burg diente im Laufe der Jahrhunderte verschiedenen Nutzungszwecken und wurde bei Angriffen im Zweiten Weltkrieg beschädigt. Sehenswert ist im Innenhof die sogenannte Fürstenkapelle, die aus dem 15. Jh. stammt. Von der Burg aus haben Sie einen ✲ schönen Ausblick auf den Ort und die Rhône.

FONDERIES ET HAUT FOURNEAUX

An die Industriegeschichte in La Voulte-sur-Rhône und ihre Hochphase im 19. Jh. erinnern die Ruinen der einstigen Gießerei, die im Jahr 1890 ihre Pforten schloss. Zu sehen sind heute noch unter anderem die vier Hochöfen, die im Jahr 1996 unter Denkmalschutz gestellt wurden, und Ruinen, die eindrucksvoll das einstige Ausmaß der Anlagen dokumentieren. *Rue de la Meilhe*

ZIELE IN DER UMGEBUNG

LABYRINTHE VÉGÉTAL *(🕮 15/B1)*

Auf Ihrer Flusskreuzfahrt dürften Sie selten vom Weg abkommen. Aber warum nicht einmal bewusst auch Irrwege einschlagen, zumindest für einen kurzen Zeitraum? Möglich macht dies das *Labyrinthe Végétal* in Charmes-sur-Rhône, ca. 11 km nördlich von La Voulte-sur-Rhône gelegen. Seit dem Jahr 2001 kann man im Maisfeld herumirren – oder auch zielsicher seinen Weg finden. *Route de Toulaud, 07800 Charmes-sur-Rhone | www.labyleo.com | 1. Juli–31. Aug., erste drei So im Sept., 10–20, letzter Einlass 18.30, Nachtbesuche Fr. letzter Einlass 2.30 Uhr*

LE POUZIN

(🕮 15/B2) **Der kleine Ort Le Pouzin (2800 Ew.) liegt am rechten Rhôneufer ca. 25 km südlich von Valence an der Einmündung der Ouvèze in die Rhône.**

Die Landschaft der Region beeindruckt

mit schroffen Kalksteinfelsen des Grads-Plateaus, in die sich Schluchten und Flüsse einschneiden. Die Gegend des heutigen Le Pouzin war bereits in keltischen Zeiten besiedelt, unter den Römern entstand eine Ansiedlung am Zusammenfluss von Ouvèze und Rhône. An die Zeiten der Industrialisierung erinnert noch der Backsteinschornstein der einstigen Gießerei; die Kirche Sainte-Madeleine entstand im Jahr 1958 im Zuge des Wiederaufbaus nach den Zerstörungen im Zweiten Weltkrieg.

SEHENSWERTES

PONT ROMAIN

Dass die Römer dauerhaft zu bauen verstanden, beweist die römische Brücke, die die Ouvèze im Nordwesten von Le Pouzin seit dem 2. Jh. überspannt. Trotz Restaurierungsmaßnahmen in späteren Zeiten stammen die meisten Elemente der Brücke noch aus der gallorömischen Epoche. *Route du Pont Romain*

LE COUVENANT DES CHÈVRES

Genießen Sie von einem Felsen oberhalb von Le Pouzin eine fantastische Aussicht auf den Ort, das Rhônetal und die Ruinen einer einstigen Benediktinerabtei. Gegründet im späten 10. Jh. vom Orden von Cluny, wurde das Kloster im Zuge der Religionskriege im 16. Jh. zerstört.

Die Altstadt von Viviers verspricht eine Reise ins Mittelalter

VIVIERS

(15/B3) **Viviers ist ein Glücksfall für seine Besucher. Ganz selten haben sich mittelalterliche Strukturen und Gebäude in Frankreich so gut erhalten wie hier.** Die Stadt entging den mutwilligen Zerstörungen der Französischen Revolution ebenso wie den architektonischen Sünden der Industrialisierung und erscheint wie in einem Dornröschenschlaf. Hier können Sie durch traumhaft schöne und ursprüngliche Gassen wandern, die alten Gebäude bewundern und in längst vergangen geglaubte Zeiten eintauchen.

SEHENSWERTES

ALTSTADT

In der typischen Gliederung des Mittelalters kann man hier die Unterstadt *(ville basse)* der Handwerker, Händler und Künstler besuchen, ebenso die Oberstadt *(ville haute)*, in der Klerus und wohlhabende Einwohner lebten. Die normalerweise nur zweistöckigen Häuser der Unterstadt sind mit Hohlziegeln gedeckt. Im Erdgeschoss befindet sich entweder ein hoher Keller oder ein kleiner Laden. Zusammen bilden sie ein Ensemble, das noch sein mittelalterliches Aussehen bewahrt hat. Ganz anders die Häuser und Gärten der Kirchenstadt, die hinter hohen Mauern liegen. Über den mit Rundbögen verzierten Toren sind teilweise noch die Wappen der Familien zu sehen. Vom Aussichtspunkt *Châteauvieux* genießen Sie ein wunderbares Panorama auf die Dächer der Stadt.

KATHEDRALE SAINT-VINCENT

Die Kathedrale Saint-Vincent dominiert den auf einem Felsplateau gelegenen Kirchenbezirk. Der separat stehende Turm mit seiner Kapelle Saint-Michel und den niedrigeren Wänden des Mittelschiffs sind romanischen Ursprungs, während der Hauptteil der Kathedrale aus der Gotik stammt. Die Kanzel wurde

im 16. Jh. überschwänglich im Flamboyant-Stil der Spätgotik renoviert. Die Religionskriege im 16. Jh. zerstörten Dach und Kuppeln vollständig. Erst 1757–1759 wurden diese endgültig durch neue Steinkuppeln ersetzt. Das Innere der Kathedrale wird unter anderem von wunderschönen Wandteppichen aus dem 18. Jh. geschmückt. *Place Saint-Jean*

MARINA VIVIERS

Etwas flussabwärts, gleich südlich des großen Kais, an dem die großen Kreuz-

DUFTENDE FELDER

In den Lavendelanbaugebieten blüht es zwischen Juni und August: violette Felder bis zum Horizont. Rund 70 Prozent der Weltproduktion für Lavendelöl und 90 Prozent für Lavandinöl stammen aus der Provence. Was Sie sehen, ist oft kein Lavendel, sondern Lavandin, eine Kreuzung zwischen wildem und echtem Lavendel. Die Hybride riecht intensiver und eignet sich für die pharmazeutische und kosmetische Weiterverwertung. Der echte Lavendel dagegen ist öliger und weicher im Geruch.

Spektakuläres Naturkunstwerk: die Pont d'Arc in der Ardèche

fahrt- und Ausflugsschiffe festmachen, lohnt sich ein Spaziergang zur Marina Viviers. Im Jachthafen gibt es immer etwas zu sehen und zu erleben. Vor allem in der Sommersaison geht es hoch her, wenn zahlreiche Freizeitkapitäne ihre Boote hier festmachen. *Île des Bornes*

EINKAUFEN

Ein Bummel durch den historischen Ort lohnt sich schon allein wegen der schönen Atmosphäre. Lassen Sie sich einfach ein bisschen durch die kleinen Gassen treiben und genießen Sie die Sonne des Südens bei einer Pause auf der Terrasse eines Cafés. In der Altstadt sind kleine Läden und regionales Kunsthandwerk zu finden, beispielsweise die *Poterie Atelier 3* in der *Faubourg la Cire Nr. 33*. Jeden Dienstagvormittag ist Markttag in Viviers. Hier zeigt sich die ganze bunte Vielfalt der Provence mit all ihren wunderbaren Farben und Gerüchen und man kann auch das ein oder andere lokale Produkt probieren.

ZIEL IN DER UMGEBUNG

GORGES DE L'ARDÈCHE ★ *(15/A-B3)*

Sie haben keine Höhenangst und mögen gerne Kurven? Auf gehts in die Ardèche, wo eine 38 km lange *Panoramastraße* von Saint-Martin d'Ardèche nach Vallon-Pont-d'Arc auf Sie wartet! Bei manchen Ausflügen ist das Treppensteigen inklusive, nämlich bei der Besichtigung einer der spektakulären Tropfsteinhöhlen *(Grotte de la Madeleine, Grotte Saint-Marcel)*. Auch ein Stück weiter, im originalgetreuen Nachbau der *Grotte Chauvet*, der *Caverne du Pont d'Arc (stark gestaffelte Zeiten s. Website, am besten vorher reservieren | 15 Euro | www.grottechauvet2ardeche.com)*, sollten Sie nicht unter Klaustrophobie leiden. Die richtige Höhle ist erst 1994 entdeckt worden und steht unter Schutz, die Nachbildung ist aber sehr gut gemacht.

Oder doch lieber nur Natur, und zwar intensiv? Eine Via Ferrata, Gelegenheiten zum Canyoning und natürlich Kanufahrten (wegen Stromschnellen eher für erfahrene Wassersportler geeignet, in der Hochsaison unbedingt reservieren!) gehören auch zum touristischen Angebot. Sie merken schon: Die Ardèche lohnt auf alle Fälle einen Abstecher!

Ein ganz besonderer Tropfen

CHÂTEAU-NEUF-DU-PAPE

(🕮 16/B1) In diesem Dorf wurde Weingeschichte geschrieben und der Name Châteauneuf-du-Pape bringt die Augen so manches Weinliebhabers zum Glänzen – ebenso wie der edle Tropfen selbst.

Schon Papst Johannes XXII. hatte im 14. Jh. den roten Tropfen von den Hügeln knapp 20 km nördlich von Avignon zu seinem Favoriten gekürt. 1936 bekamen die Weinberge um Châteauneuf Frankreichs erste Herkunftsbezeichnung Appellation d'Origine Protégée (AOP). Wer den großen Roten verkosten möchte, ist bei *Vinadéa (8, rue Maréchal Foch | www.vinadea.com)* gut aufgehoben: Hier bietet der Winzerverband Flaschen von fast 90 Gütern an. Auskunft: *place du Portail | Tel. 04 90 83 71 08 | www.chateauneuf-du-pape-tourisme.fr*

SEHENSWERTES

CHÂTEAU DES PAPES

Namensgebend für den Ort war die Burg, Sommersitz der Päpste von Avignon, die zwischen 1309 und 1377 im sogenannten avigonesischen Exil weit entfernt von Rom residierten. Im frühen 14. Jh. wurde mit dem Bau der Burg begonnen, 1333 wurde sie fertiggestellt. Wie zahlreiche andere Gebäude fiel auch sie im 16. Jh. den Religionskriegen zum Opfer, sodass heute noch eine malerische Ruine von einstiger päpstlicher Pracht zeugt. Ein Hauch von Mittelalter weht aber unterhalb der Burgruine alljährlich am ersten Augustwochenende durch Châteauneuf-du-Pape, wenn während der *Fête de la Véraison* Minnesänger, Ritter und Kaufleute in einem großen Spektakel den Ort um Jahrhunderte zurückversetzen.

EINKAUFEN

CHOCOLATERIE CASTELAIN

Schleckermäuler werden hier in einen Freudentaumel geraten: In der Schokoladenmanufaktur bleiben keine süßen Träume unerfüllt (und im Sommer gibt es obendrein noch köstliches Eis). Wer mag, kann sich auch einmal selbst als Chocolatier versuchen. *Route de Sorgues | www.chocolat-castelain.fr*

AVIGNON

In der Geschichte der Christenheit ist die Zeit, als im 14. Jh. die Päpste in Avignon regierten, nur ein kurzer Abschnitt.

Die Stadt (90 000 Ew.) am Ostufer der Rhône ist aber noch heute vom mächtigen Papstpalast und der sieben Jahrhunderte alten, 4,3 km langen Stadtmauer *(remparts)* geprägt. Palast, Kirchen, Kardinalsresidenzen und Bürgerhäuser bilden jeden Sommer eine beeindruckende Kulisse für die größten Theaterfestspiele der Welt, die – zusammen mit dem Festival Off – Tausende von jungen Leuten in die Stadt locken, die dann zu einer einzigen großen Bühne wird. Den schönsten Blick auf die Stadt, den Papstpalast und die berühmte Brücke von Avignon haben Sie von der Rhôneinsel La Barthelasse.

SEHENSWERTES

Avignon ist aber nicht nur eine Stadt mit Geschichte, sondern auch eine junge Stadt – und wirkt deshalb keineswegs museal, sondern voller Leben, das sich im Sommer vor allem in den Straßencafés und Restaurants der Altstadt abspielt. Lohnend sind Spaziergänge in der Altstadt, z. B. ein Gang durch die *Rue des Teinturiers,* die alte Färberstraße mit ihrem Kanal und einigen alten Wasserrädern – heute die stimmungsvollste Straße der Stadt. Der Name der malerischen Gasse erinnert noch an die einst in Avignon bedeutende Textilindustrie, die zur Mitte des 15. Jh.s zu florieren begann.

COLLECTION LAMBERT *(17/B3)*

Immer wieder für Skandale sorgen die Wechselausstellungen der Privatsammlung des Händlers Yvon Lambert, denn obwohl mit dem renommierten Palais Caumont aus dem 18. Jh. der Rahmen stimmt, sind nicht immer alle Besucher mit der gezeigten zeitgenössischen Kunst einverstanden. *Sept.–Juni Di–So 11–18, Juli/Aug. tgl. 11–19 Uhr | 10 Euro | 5, Rue Violette | www.collectionlambert.fr*

INSIDER TIPP EPICURIUM

Ein Gemüse- und Obstmuseum?! Es mag kurios klingen, umso faszinierender ist das Ergebnis! Das europaweit erste Museum dieser Art im Vorort Montfavet ist eigentlich keines, sondern vielmehr eine Schule für alle Sinne, die Sie mal barfuß, mal mit geschlossenen Augen, im Garten, im Gewächshaus, in den angebotenen Workshops usw. herausfordern können. *April–Juni und Sept./Okt. tgl. 14–18.30, Juli/Aug. Mo–Fr 10–18.30, Sa/So 14–18.30 Uhr | 7,50 Euro | Cité de l'Alimentation | rue Pierre Bayle | www.epicurium.fr*

INSIDER TIPP MUSÉE ANGLADON *(17/C3)*

Die Stiftung des Künstlerpaars Angladon-Dubrujeaud glänzt mit Meisterwerken des 19. und 20. Jh.s, darunter einige Gemälde von Cézanne, Picasso, Degas oder Modigliani. *Di–Sa, April–Okt. auch*

LOW BUDG€T

Der kostenlose Pass *Avignon Passion* gilt auch in Villeneuve-lès-Avignon und bietet Ermäßigungen von 10–50 Prozent für Sehenswürdigkeiten und Ausflüge.

So 13–18 Uhr | 8 Euro | 5, rue Laboureur | www.angladon.com

MUSÉE DU PETIT PALAIS *(📖 17/C1)*
Weil die Päpste ihren Palast über den Bischofspalast gebaut haben, musste der Bischof umziehen. Daraus ist der Petit Palais, eben der „kleine Palast", geworden. Heute beherbergt er das nach dem Pariser Louvre wichtigste Museum für mittelalterliche Kunst in Frankreich. *Mi–Mo 10–13 und 14–18 Uhr | 6 Euro | place du Palais | www.petit-palais.org*

PALAIS DES PAPES (PAPSTPALAST) ★ *(📖 17/C1)*
In knapp 30 Jahren haben die beiden Päpste Benedikt XII. *(Palais Vieux)* und Klemens VI. *(Palais Neuf)* im 14. Jh. die mächtige Zitadelle mit zwei Palästen und zum Teil über 50 m hohen Mauern bauen lassen. Außer einigen Fresken, Kaminen, Decken und Mosaiken ist von der Inneneinrichtung seit der Französischen Revolution nichts mehr übrig, doch eine Führung durch die Räume lässt die ehemalige Pracht dennoch erahnen. Im Sommer ist der Palast Schauplatz für Kunstausstellungen und der Ehrenhof *(Cour d'Honneur)* des Palasts eindrucksvolle Bühne für Theateraufführungen im Rahmen des Festivals. Zum Komplex gehört außerdem die Kathedrale *Notre-Dame-des-Doms* mit ihrer romanischen Kuppel und einer 1859 aufgesetzten Marienstatue. Hinter der Kirche schließt sich der Park *Rocher des Doms* mit seinen Terrassen und Ausblicken auf Rhônetal und Mont Ventoux an. *Sommer tgl. 9–19 (Juli/Aug. bis 20), Winter 9.30–17.45 Uhr | 11 Euro, Audioguide in Deutsch 2 Euro | www.palais-des-papes.com*

PLACE DE L'HORLOGE *(📖 17/C2)*
Ein paar Schritte vom Papstpalast liegt dieser stets belebte Platz. Er ist der zentrale Treffpunkt Avignons mit Dutzenden von Cafés und Restaurants, dem Rathaus, dem Uhrturm und der Oper, von deren Fassade Statuen von Molière und Corneille das bunte Treiben betrachten.

PONT SAINT-BÉNÉZET
Das ist sie, die berühmte, als UNESCO-Weltkulturerbe unter Schutz gestellte Brücke von Avignon; seit dem 17. Jh. nur noch ein Torso in der Rhône, war sie schon immer zu eng, um darauf zu tanzen. Gefeiert wurde auf der Insel Barthelasse.

RESTAURANT

INSIDER TIPP **LE BERCAIL**
Sie sitzen direkt am Wasser mit schönem Blick auf die Brückenruine in der Rhône. Auf der Insel Barthelasse serviert das Restaurant mit seiner Terrasse unter

100-jährigen Platanen provenzalische Klassiker oder Pizza aus frischen Produkten der Region, zum Teil aus Bioanbau. *Sommer tgl., Okt.–März außer Fr/Sa abends geschl. | 162, Chemin des Canotiers | Tel. 04 90 82 20 22 | www.restaurant-lebercail.fr | €–€€*

EINKAUFEN

MÄRKTE

Dienstags bis sonntags findet vormittags der Wochenmarkt in den *Halles (Place Pie)* statt. Hier können Sie all das probieren, was die Provence an Köstlichkeiten zu bieten hat; 40 Händler bieten alles von Brot über Käse und Fleisch bis hin zu einer reichen Auswahl an Gewürzen und internationalen Imbissen von armenisch bis kreolisch. Blumen gibt es am Sa, einen Flohmarkt So auf der *Place des Carmes* und ein Allerleimarkt lädt Sa/So an der Stadtmauer *(Rempart Saint-Michel)* zum Bummeln.

ZIEL IN DER UMGEBUNG

PONT DU GARD ★ *(16/A2)*

2000 Jahre alt und immer noch die schönste Wasserleitung der Welt: Das dreistöckige, 49 m hohe und im obersten Teil 275 m lange Aquädukt über das Wasser des Flusses Gardon ist eine Augenweide. Die Römer haben die Brücke im 1. Jh. als Teil der knapp 50 km langen Leitung konstruiert, die Tag für Tag 20 000 m³ Wasser von der Quelle der Eure bei Uzès nach Nîmes spülte, das damals wahrscheinlich über 100 000 Ew. zählte. Der Pont du Gard, von der UNESCO als Welterbe eingestuft, ist heute Teil

Auf großem Fuß lebten die Päpste in ihren Palästen in Avignon

PROVENCE

Die Provence ist ein Fest für all Ihre Sinne: Weiße Felsen, blaues Meer, rosafarbene Flamingos, schwarze Stiere, grüne Kiefern und violette Lavendelfelder betören das Auge. Wilde, würzige Kräuter, saftiges, süßes Obst, frische Fische oder Meeresfrüchte und wunderbare Weine schmeicheln Nase und Gaumen. Natur und Kultur, Meer und Berge, Trubel in den Städten und Stille im Hinterland, Tradition mit Zeugnissen der Römerzeit und Avantgarde mit Festspielen oder moderner Architektur: Die Region spielt mit den Gegensätzen und zeigt Ihnen zu allen Jahreszeiten ihren Charme.

WETTER & KLIMA

Das mediterrane Klima ist der große Trumpf der Region. Der Sommer hält, was sein Name verspricht. Und wird es einmal brütend heiß, sorgt der Wind für Erfrischung. Aber selbst im Winter sind in den Städten die Straßencafés für die kleine Tasse Kaffee oder den Aperitif gefragt, denn auch in der kalten Jahreszeit scheint oft die Sonne. Schnuppern Sie im Tal der Rhône die klare Luft, die das Licht auf weißem Kalkstein tanzen lässt; gelbe Sonnenblumen oder blauvioletter Lavendel leuchten auf den Feldern.

LANDSCHAFT

Die Provence beeindruckt immer wieder mit ihren Gegensätzen: einerseits die schroffen Felsklippen der Calanques mit ihren grünen Kiefern unter dem blauen Himmel am Stadtrand von Marseille und andererseits das weite Sumpfland der Camargue, in dem die schwarzen Stiere, die rosafarbenen Flamingos und die weißen Pferde zu Hause sind. Zum einen die fruchtbaren Täler am Ufer der großen Flüsse Durance oder Rhône und zum anderen die kargen Hochebenen im Hinterland mit der Garrigue, dem Gestrüpp aus Heide, immergrünen Eichen, Disteln und duftenden, aromatischen Kräutern wie Thymian oder Rosmarin.

WIRTSCHAFT

Kaum eine andere Landschaft Europas versammelt so viel Kultur aus allen Epochen auf so engem Raum. Immer wieder, auch jetzt noch im 21. Jh., werden in Aix-en-Provence, Arles oder Avignon Überreste von Theatern oder Gartenanlagen aus der Römerzeit gefunden. Die Provence ist aber nicht in der Vergangenheit stehen geblieben, sondern bietet in der High-Tech-Industrie rund

Stolze Städte, stille Dörfer, tiefe Schluchten: In der Provence begeistert ein Kontrastprogramm aus Kultur und Natur

um Aix und Marseille Arbeitsplätze der Zukunft. La Ciotat hat nach dem Untergang der Werften den Wandel eingeleitet und kümmert sich mit kleinen Spezialunternehmen im alten Hafen um Luxusjachten. Und Marseille baut im Hafenviertel mit millionenschweren EU-Subventionen rund um die Docks de la Joliette, die umgebauten alten Lagerhallen, das Businessviertel Euroméditerranée.

Trotz moderner Infrastruktur in den Städten bleibt die Provence dabei von der Landwirtschaft geprägt. Im mediterranen Klima gedeiht fast alles, weil ein ausgeklügeltes Kanal- und Stauseensystem für Wasser im Überfluss sorgt. Die Landwirte, Obst- und Weinbauern haben die Zeichen der Zeit erkannt: Die Provence zählt zu den französischen Regionen, in denen Bioprodukte die höchsten Zuwachsraten haben. Das Ergebnis auf den Tausenden kleinen oder großen Märkten ist so gesund wie farbenprächtig.

KUNSTLICHT

Zu Lebzeiten galten die Künstler, die die Provence in ihren Bildern unsterblich machen, wenig bis gar nichts. Dieses zeitgenössische mangelnde Interesse hat dafür gesorgt, dass Werke von Paul Cézanne, Vincent van Gogh und Co. in provenzalischen Museen so gut wie nicht vertreten sind. Was heutige Reisende aber dennoch antreffen, sind die Originalschauplätze ihrer Malerei: Cézannes Atelier, der Bibémus-Steinbruch oder sein Elternhaus in Aix, van Goghs Krankenhaus, Café oder Brücke in Arles – wenn auch alles erst im Nachhinein wieder vangoghisiert wurde, d. h. nach seinen Bildern restauriert. Die Provence ist seit jeher ein prädestiniertes Fleckchen für Maler (und Fotografen), da das Licht, vor allem bei Mistral, einfach außergewöhnlich ist. So passiert es auch heute noch, dass Künstler hier länger als geplant hängen bleiben, so wie van Gogh, der eigentlich nach Japan wollte und in Arles aus dem Zug gestiegen ist ...

Nicht nur Paris hat einen, sondern auch Orange: einen Arc de Triomphe

der großen Anlage *Domaine du Pont du Gard* mit Restaurant, Boutiquen, sehenswerten Multimediaausstellungen, dem sehr informativen und schönen Wanderweg INSIDER TIPP *Mémoires de Garrigue,* Badestrand und Dokumentationszentrum. *Tgl. 9–17, April und Okt. bis 18, Sept. bis 20, Mai/Juni bis 21, Juli/Aug. bis 23.30 Uhr | ab 8,50 Euro | www.pontdugard.fr*

ORANGE

(15/B4) **Wissen Sie, woher die Holländer die orange Farbe für Fanartikel aller Art haben? Richtig, aus Orange!** Die Geschichte ist so kompliziert wie verwinkelt, aus dem römischen Arausio entstand der Name Orange, einer der hiesigen Grafen wurde im Mittelalter zu Wilhelm I. der Niederlande und daraus erwuchs die Dynastie der Oranier. Heute trägt der Ort (knapp 30 000 Ew.) wie zum Trotz einen Orangenzweig in seinem Wappen, obwohl in und um Orange keinerlei Orangenanbau zu finden ist. Dafür haben Sie oftmals bei einem Landausflug ab Avignon die Möglichkeit, die geschichtsträchtigen Sehenswürdigkeiten der Stadt zu entdecken.

SEHENSWERTES

ARC DE TRIOMPHE

Eines der größten erhaltenen römischen Stadttore in Frankreich: Der knapp 20 m hohe Bogen aus Stein markierte den nördlichen Eingang von Orange auf der Via Agrippa, die Lyon mit Arles verband. Architektonische Besonderheit des Bauwerks (um 20 v. Chr.) ist ein reich geschmückter, dreieckiger Giebel.

COLLINE SAINT-EUTROPE

Sie sind Gipfelstürmer? Dann rauf auf den Hügel hinter dem antiken Theater, der Ausblick lohnt sich! Wenn Sie anschließend nicht sofort wieder runterwollen: Es gibt hier oben auch einen großen Park mit Schwimmbad, Campingplatz, Spielplätzen und Café. Früher stand hier das Schloss der Fürsten von Nassau-Oranien.

THÉÂTRE ANTIQUE (ANTIKES THEATER) ★

Es ist 2000 Jahre alt und immer noch das Herz der Stadt: Das einzige antike Theater, in dem die 36 m hohe und 103 m breite Bühnenmauer praktisch original erhalten ist, bildet mit einem Fassungsvermögen von knapp 9000 Besuchern jeden Sommer das provenzalische Gegenstück zu den Opernfestspielen in Verona (Programm unter *www.choregies.fr*). Die rund 3,50 m hohe Statue von Kaiser Augustus, die erst 1950 wieder ihren Platz in der Wand gefunden hat, blickt aber auf Pop- und Klassikkonzerte. Geschützt sind Statue und Bühnenmauer durch ein Glasdach der Firma, die 1889 den Eiffelturm und 2004 die spektakuläre Autobahnbrücke von Millau gebaut hat. *Juni–Aug. tgl. 9–19, April/Mai und Sept. 9–18, März und Okt. 9.30–17.30, Nov.–Feb. 9.30–16.30 Uhr | 9,50 Euro | rue Madeleine Roch | www.theatre-antique.com*

VIEILLE VILLE (ALTSTADT)

Orange hat – wie viele andere französische Städte – das historische Zentrum mit der Place de la République, dem Rathaus und vielen Cafés behutsam renoviert. Der *Wochenmarkt* auf dem Cours Aristide Briand lockt jeden Donnerstagvormittag die Menschen in die Stadt. 300 Händler, die Obst, Gemüse, Kunsthandwerk anbieten – der Markt ist ein besonderes Erlebnis.

TARASCON

(🕮 16/B2) **Auf halbem Wege zwischen Arles und Avignon liegt das Städtchen Tarascon (15 000 Ew.) am Ufer der Rhône. Gegründet wurde es von den Römern an der Kreuzung zweier wichtiger Straßen unter dem Namen Ernaginum.**

SEHENSWERTES

CHÂTEAU DE TARASCON

Es war einmal ... ein König, der sollte regieren, wollte aber lieber tanzen. So könnte das Märchen des *Schlosses von König René (Kernzeit tgl. 9.30–17 Uhr | 7 Euro)* beginnen, wenn man die späte-

STIERKÄMPFE

Schlagen Sie den Lokalteil der Zeitung „La Provence“ auf, finden Sie im Sommerhalbjahr ständig Artikel über lokale Größen mit so wohlklingenden Namen wie Jupiter, Pythagore, Armageddon. Dabei handelt es sich nicht etwa um Rennpferde oder gar Fußballspieler, sondern um Stiere. Und zwar diejenigen, die in den Arenen der Provence bei der *course camarguaise* antreten. Das ist der traditionelle, unblutige Stierkampf des französischen Südens. Jeder Stier läuft etwa 15 Minuten. Während dieser Zeit versuchen sogenannte Razeteure, ihm mit einem kleinen Metallinstrument, dem *crochet,* die Utensilien abzunehmen, die man ihm vorher umgehängt hat: eine Kokarde (ein Stoffbommel zwischen den Hörnern), zwei Bommel an den Hörnern und zwei eng um die Hörner gewickelte Fäden. Schaffen sie es, bekommen sie dafür ein Preisgeld und Punkte für die Meisterschaft. Aber es sind die Namen der Stiere, die auf den Plakaten stehen und das Publikum anlocken. Die richtig guten haben nicht nur einen Fanclub, sondern bekommen am Ende ihrer Laufbahn eine Statue und die Rente vom Züchter gestiftet.

re Geschichte mit Revolutionsgarden und Gefängniszellen auslässt. Von der Dachterrasse der Burg aus dem 15. Jh. haben Sie einen tollen Ausblick auf die Rhône und die 20 km nördlich von Arles gelegene Stadt. Von hier aus wurde ehemals die im Fluss verlaufende Grenze zwischen der Provence und Frankreich überwacht; später spielte sich hier so manches Schäferstündchen ab – und in den Revolutionsjahren wurden unliebsame Gefangene umgebracht.

ARLES

(16/B3) **Was ergibt eine Mischung aus Spuren der Römer, des Mittelalters und van Goghs?**
Gewürzt mit zeitgenössischer Fotografie *(www.rencontres-arles.com)* und Stierkampf *(www.feriaarles.com)*, das Ganze mit ein bisschen marodem Charme? Das ist die Stadt Arles (55 000 Ew.)! Sie ist eine der ältesten Städte Frankreichs und lebt mit einer gelassenen Selbstverständlichkeit im Einklang mit Vergangenheit und Gegenwart.

SEHENSWERTES

Die Altstadt mit ihren Plätzen, Gassen und Gebäuden lohnt einen ausgedehnten Spaziergang. Für die Sehenswürdigkeiten und Museen gibt es im Office de Tourisme verschiedene Pässe ab 9 Euro.

LES ARÈNES (AMPHITHEATER)

Eines der größten Amphitheater der Römerzeit (1. Jh.), im Mittelalter als befestigte Stadt in der Stadt ausgebaut und im 19. Jh. wieder freigelegt, ist die Arena heute eine Hochburg für unblutige Stierkämpfe und darüber hinaus auch Schauplatz für Konzerte und Folkloreveranstaltungen. Älter und kleiner ist das *Théâtre Antique* ein paar Schritte entfernt. Von der antiken Bühne sind zwei Marmorsäulen erhalten. *Mai–Sept. tgl. 9–19, März/April und Okt. 9–18, Nov.–Feb. 10–17 Uhr | 9 Euro | Rond-point des Arènes*

ESPACE VAN GOGH

Zwischen Februar 1888 und Mai 1889 hat der niederländische Maler mehr als 300 Werke in Arles geschaffen, aber kein einziges Bild von ihm ist in der Stadt geblieben. Dafür wurde der Garten des ehemaligen Krankenhauses, heute eine Mediathek mit Cafés und Boutiquen, nach seinen Zeichnungen wieder angelegt. *Frei zugänglich | Place Félix Rey*

INSIDER TIPP FONDATION VINCENT VAN GOGH

Der verlorene Sohn kehrt zurück in die Stadt, in der er die meisten seiner Meisterwerke geschaffen hat: Ein Gebäude aus dem 15. Jh. in der Altstadt ist zum Kulturzentrum umgebaut, das regelmäßig Bilder von van Gogh mit zeitgenössischer Kunst konfrontiert. *Di–So 11–18, April–Sept. bis 19 Uhr | 9 Euro | 35 ter, rue du Docteur Fanton | www.fondation-vincentvangogh-arles.org*

LUMA ARLES

Auf dem Gebiet der ehemaligen SNCF-Werke erhebt sich seit Kurzem der weithin sichtbare Turm des im Entstehen begriffenen Kulturzentrums Luma. Die eigentliche Eröffnung ist für 2020 geplant, aber schon jetzt gibt es in einigen Gebäuden Wechselausstellungen, eine Boutique und ein Restaurant. Außerdem werden kostenlose Führungen angeboten. *Mi–So 11–18 Uhr | Eintritt frei | 45, Chemin des Minimes | www.luma-arles.org*

INSIDER TIPP MUSÉE DÉPARTEMENTAL ARLES ANTIQUE

In dem gewagten dreieckigen Gebäude

an den Überresten des Cirque Romain haben die antiken Schätze der Stadt ihre Heimat. Das Museum mit seinen Stadtmodellen und Ausstellungsstücken wie den Grabdenkmälern aus dem Alyscamps-Friedhof öffnet die Augen für die Besichtigung der heutigen Stadt. Sehenswerte Wechselausstellungen. *Mi–Mo 10–18 Uhr | 8 Euro | av. 1ère Division France Libre | www.arles-antique.cg13.fr*

MUSÉE RÉATTU

Im sorgsam renovierten ehemaligen Malteserpalast am Rhôneufer, der für sich genommen schon sehenswert ist, sind neben knapp 60 Zeichnungen von Pablo Picasso Skulpturen und Gemälde von anderen Künstlern wie Ossip Zadkine, César Baldaccini oder Germaine Richier ausgestellt. *Di–So 10–17, März–Okt. bis 18 Uhr | 8 Euro | 10, rue du Grand Prieuré | www.museereattu.arles.fr*

SAINT-TROPHIME ★

Die Kathedrale aus dem 11./12. Jh. gegenüber vom barocken Rathaus birgt zwei Perlen: Der Kreuzgang *(cloître)* zählt zu den elegantesten Bauwerken in der Provence, das Kirchenportal aus dem 12. Jh., das mit seinen Skulpturen das Weltengericht darstellt, gehört zum UNESCO-Weltkulturerbe. *Kreuzgang Mai–Sept. tgl. 9–19, März/April und Okt. 9–18, Nov.–Feb. 10–17 Uhr | 5,50 Euro | Place de la République*

THERMES DE CONSTANTIN

Nur ein kleiner Teil der römischen Thermen, die unter Kaiser Konstantin im 4. Jh. gebaut wurden, ist freigelegt, aber dennoch ist dies die größte Anlage ihrer Art, die in der Provence noch existiert. *Saisonal wechselnde Zeiten, Kernzeit tgl. 10–12 und 14–17 Uhr | 4 Euro | Zugang über die Rue Maïsto, gegenüber Musée Réattu*

In der römischen Arena finden Stierkämpfe statt

EINKAUFEN

Mit rund 600 Händlern ist der Samstagsmarkt am *Blvd. des Lices* einer der größten in der Region. Wer an allen Ständen stöbern will, braucht Zeit: Die gesamte Standlänge beträgt beachtliche 2,5 km! Wochenmarkt ist Mi auf dem *Blvd. Émile Combes.* Der exquisite Musikverlag *Harmonia Mundi (3, Rue du Président Wilson | www.harmoniamundi.com)* verkauft seine CDs im eigenen Geschäft.

AIX-EN-PROVENCE

(🕮 16/D3) **Umfragen bestätigen es immer wieder: Aix (135 000 Ew.), die alte Hauptstadt der Provence, ist mit ihrer unvergleichlichen Mischung aus aristokratischer Ruhe, fröhlichem Trubel, architektonischen Kostbarkeiten, schillerndem Kulturangebot und farbenprächtigen Märkten eine der beliebtesten Städte der Franzosen.**

Dementsprechend hoch sind zum Leidwesen der Bürger und vor allem der rund 30 000 Studenten die Preise für Wohnungen im historischen Stadtzentrum, in dem sich heute noch Émile Zola und Paul Cézanne ohne Probleme zurechtfinden würden. Die Stadt hat nämlich nach der Revolution 1789 den Aufbruch in die Moderne verschlafen, galt im 19. Jh. als langweiliges Provinznest und ist erst nach dem Zweiten Weltkrieg aufgewacht. Mit dem großen innerstädtischen Neubaugebiet Sextius-Mirabeau, das direkt an die *Rotonde (Place du Général de Gaulle)* anschließt, hat Aix die Quadratur des Kreises geschafft. Die Ende des 20. Jh.s eingeweihte INSIDER TIPP *Méjanes-Bibliothek (Mi–Sa 14–19 Uhr |*

Opulentes Kunstwerk: der Brunnen an der Rontonde

www.citedulivre-aix.com) mit Kulturzentrum, Opernvideothek, Kino- und Leseräumen, deutschsprachiger Bücherei (vom Goethe-Institut Marseille hat man die umfangreiche Bibliothek geerbt) und Internetcafé in einer ehemaligen Streichholzfabrik war nur der Anfang. Mittlerweile komplettieren das von Rudy Ricciotti entworfene Ballettzentrum *Pavillon Noir (www.preljocaj.org),* Vittorio Gregottis *Grand Théâtre de Provence (www.lestheatres.net)* und Frankreichs modernste Musikschule, das von Kengo Kuma konzipierte *Conservatoire Darius Milhaud,* die Kulturmeile im neuen Stadtviertel von Aix. Ein Schmuckstück ist die INSIDER TIPP Pflanzenwand *(mur végétal)* des Landschaftsarchitekten Patrick Blanc an der Brücke neben dem Grand Théâtre. Von diesem führt die Avenue Giuseppe Verdi mit der Shoppingmeile *Allées Provençales* zur Rotonde.

WIND

Friseur zu sein ist in der Provence ein lukratives Geschäft. Nicht nur, weil den Provenzalen etwas an ihrem Haarschmuck liegt, sondern auch, weil es einen Verbündeten gibt, der die Leute regelmäßig in die Friseursalons treibt: den Mistral. Der Fallwind stürmt von Norden aus den Bergen durch das Rhônetal. Sein Name stammt vom provenzalischen Wort *maestral* (Meister) ab – und ein Meister ist er auf alle Fälle. In Spitzenzeiten schafft er Geschwindigkeiten von 150 km/h. Er kühlt die Luft ab, fegt den Himmel wolkenfrei – und verschafft jedem, der sich draußen aufhält, eine Mistralfrisur. Er bläst im Durchschnitt 100 Tage im Jahr und oft mehrere Tage am Stück. Zumindest den Berufsstand der Friseure, der hier nicht arbeitslos wird, dürfte das freuen.

SEHENSWERTES

Das Office de Tourisme an der Place du Général de Gaulle, die mit ihrem monumentalen Brunnen aus dem 19. Jh. von den Einheimischen nur *La Rotonde* genannt wird, ist Ausgangspunkt für Spaziergänge und Stadtführungen, zum Teil auch in deutscher Sprache. Themen der Touren sind u. a. die Spuren von Paul Cézanne oder seinem Schulfreund Émile Zola, der seine Heimatstadt unter dem Namen Plassans mehrfach zum Schauplatz seiner Romane wie „Die Rougon-Macquart" machte.

ATELIER PAUL CÉZANNE ★

Paul Cézanne hat sich 1902 im Norden der Altstadt das Atelier gebaut, das nach seinem Tod 1906 bis heute praktisch unverändert blieb. Zu sehen sind zwar keine Bilder, aber Requisiten und Erinnerungsstücke an den Künstler, der hier die „Großen Badenden" malte. Außerdem gibt es eine reich bestückte Boutique. *Juni–Sept. tgl. 10–18, April, Mai, Okt. tgl. 10–12.30 und 14–18, Nov.–März Mo–Sa, Nov. und März auch So 10–12.30 und 14–17 Uhr | 6 Euro | 9, Av. Paul Cézanne | www.cezanne-en-provence.com*

HÔTEL DE CAUMONT CENTRE D'ART

So ein Ort hatte der Stadt gerade noch gefehlt: ein Kunstzentrum mit *salon de thé,* dem INSIDER TIPP *Café Caumont,* wo es sogar Kuchen und Torten gibt! Dazu wechselnde Kunstausstellungen, ob Fotografie, Impressionisten oder alte Meister – alles hat hier Prestige und Chic. Jazzabende im Garten während des Sommers. *Tgl. 10–18, Mai–Sept. bis 19, Fr bis 21.30, Café ab 11.30 Uhr | 6,50 Euro | 3, rue Joseph Cabassol | www.caumont-centredart.com*

COURS MIRABEAU ★

Der Prachtboulevard, mit seinen Platanenreihen im Sommer ein Schatten spendender Grüntunnel, ist die quicklebendige Ader der Stadt und für viele eine der schönsten Straßen der Welt. Sehen und gesehen werden, das ist hier ganz klar die Devise. Auf der Nordseite liegen Cafés, Restaurants, Geschäfte, auf der Südseite sind herrliche Fassaden zu bewundern, verziert mit Atlanten (Männern) und Karyatiden (Frauen). Hinter diesen edlen Fronten verbergen sich Luxusgeschäfte oder Banken. Der Boulevard ist im 17. Jh. angelegt worden und seit der Umgestaltung Anfang des 21. Jh.s von parkenden Autos befreit.

FONDATION VASARÉLY

Der 1997 gestorbene, aus Ungarn stammende Vater der Op-Art, Victor Vasarély, hat im Viertel Jas de Bouffan, in Sichtweite des Familiensitzes von Cézanne, das Museum mit seiner schwarz-weißen Fassade selbst entworfen. *Tgl. 10–18 Uhr | 9 Euro | 1, av. Marcel Pagnol | www.fondationvasarely.org*

FONTAINES (BRUNNEN)

Das (Thermal-)Wasser hat einst die Römer in die Stadt gelockt, die den Namen Aquae Sextiae bekam. Dutzende Brunnen sorgen im Sommer für etwas Frische. Mit rund 30 Grad warmem Thermalwasser wird die *Fontaine Moussue* (1734, auch *Fontaine d'Eau Thermale* genannt) auf der Mitte des Cours Mirabeau gespeist, die daher in kalten Winternächten dampft. Elegant zeigt sich die *Fontaine des Quatre Dauphins* (1667) mit vier Wasser speienden Delfinköpfen im Quartier Mazarin, monumental der Brunnen auf der Kopfseite des Cours Mirabeau mit der Statue des Königs René d'Anjou, der Aix im 15. Jh. zu einer Stadt der Künste machte.

HÔTEL DE VILLE (RATHAUS)

Das Rathaus aus dem 17. Jh. hat hinter dem schmiedeeisernen Portal einen gepflasterten Innenhof. Der Stadtrat tagt in der prächtigen, reich mit Porträts ausgeschmückten Salle des États de Provence. Im Glockenturm, ebenfalls aus dem 17. Jh., wechseln die Figuren je nach Jahreszeit.

MUSÉE GRANET

Das Kunstmuseum in der ehemaligen Malteserkomturei aus dem 17. Jh. ist nicht nach Paul Cézanne, dem Sohn der Stadt, sondern nach dem Maler François-Marius Granet (1775–1849) benannt worden. Das Haus beherbergt Sonderausstellungen und verfügt über einen interessanten Fundus mit Werken von Granet, Jean-Auguste-Dominique Ingres, Alberto Giacometti sowie einigen Originalen von Paul Cézanne und über einen Skulpturenkeller. Schwerpunkt der Filiale *Granet XXe – Collection Jean Planque* in der komplett umgebauten und restaurierten Kapelle INSIDER TIPP *Chapelle des Pénitents Blancs (Place Jean Boyer)* aus dem 18. Jh. ist Pablo Picasso, aber auch Meisterwerke von Jean Dubuffet, Paul Klee, Nicolas de Staël oder Sam Francis sind zu sehen. *Mitte Sept.–Mitte Juni Di–So 12–18, Mitte Juni–Mitte Sept. 10–19 Uhr | 5,50 Euro | place Saint-Jean de Malte | www.museegranet-aixenprovence.fr*

PAVILLON DE VENDÔME

Pierre Pavillon hat das Gebäude mit seinen beeindruckenden Atlanten am Eingangsportal im Jahr 1665 für die Geliebte des Herzogs von Vendôme ge-

CAMARGUE

Wussten Sie, dass Flamingos auf der Stelle joggen? Das glauben Sie nicht? Nehmen Sie sich ein wenig Zeit und beobachten Sie die Flamingos in der Camargue (am besten natürlich die, die nicht auf einem Bein stehen und den Schnabel unter dem Flügel haben): Sie werden es mit eigenen Augen sehen und nicht enttäuscht werden!

Auch vom Rest der ★ *Camargue* übrigens nicht: In diesem topfebenen Delta der Rhône gibt es Reisfelder, so weit das Auge reicht, Salzgärten, endlos scheinende Weiden für die schwarzen Stiere und weißen Camarguepferde. Ein Teil des Gebiets ist zwar als nationales Vogelreservat geschützt und nicht zugänglich – aber in den Sümpfen kämen Sie ohnehin kaum vorwärts; ganz wie die Flamingos eben, die nämlich „joggen", um den Boden aufzulockern und so nach Nahrung zu suchen.

Exzellente Informationen gibt es im *Musée de la Camargue (April–Sept. Mi–Mo 9–12.30 und 13–18, Okt.–März 10–12.30 und 13–17 Uhr | 5 Euro | D 570 | Mas du Pont de Rousty | www.parc-camargue.fr)*, das einen 3,5 km langen Entdeckungspfad angelegt hat. Einen großen Vogelpark, den *Parc Ornithologique du Pont-de-Gau (tgl. 9, Winter 10 Uhr–Sonnenuntergang | 7,50 Euro | www.parcornithologique.com)*, in dem sogar im Winter einige Flamingos leben, schließt das *Centre d'Information de Ginès (Sa–Do 9–18, im Winter bis 17 Uhr | D 570 | Pont-de-Gau)* ein.

Die einst so wichtige Salzgewinnung in der Camargue ist mittlerweile erheblich reduziert. Eine Aussichtsplattform im Süden des kleinen Arbeiterdorfs Salin-de-Giraud an der D 36 zeigt aber weiter das verblüffende Farbenspektrum der einzelnen Becken, in denen die Sonne das Meerwasser verdunsten lässt und so die Kristalle freigibt.

baut. Heute ist das ehemalige Landhaus Schauplatz für Kunstausstellungen. *Kernzeit Mi–Mo 10–12.30 und 13.30–17 Uhr | 3,50 Euro | 32, rue Célony*

SAINT-SAUVEUR

An dieser Kathedrale ist 1000 Jahre gebaut worden. Das Baptisterium aus dem 5. Jh. und der Kreuzgang aus dem 12. Jh. sowie die aus Holz geschnitzten Eingangstore aus dem 16. Jh. sind sehenswert. Das berühmte INSIDER TIPP Triptychon „Le Buisson Ardent" („Der brennende Dornbusch") von Nicolas Froment aus dem 15. Jh. ist nach langjähriger Restaurierung am neuen Standort in einer Seitenkapelle zu sehen. *Tgl. 10–12 und 14–18 Uhr*

Buntes Markttreiben auf dem Place Richelme im Herzen von Aix

SITE-MÉMORIAL DU CAMP DES MILLES

Die ehemalige Ziegelei im Vorort Les Milles war während des Zweiten Weltkriegs von 1939 bis 1943 Internierungslager für deutsche Intellektuelle wie Max Ernst, Walter Benjamin, Lion Feuchtwanger oder Hans Bellmer. Die aufwendig gestaltete Gedenkstätte für die Opfer von Totalitarismus und Rassismus arbeitet ein dunkles Kapitel der französischen Geschichte auf: mit dem ehemaligen Speisesaal, in dem beklemmende Wandzeichnungen der Internierten restauriert wurden *(Eintritt frei)*, mit ausführlichen Dokumentationen und mit Sonderausstellungen. *Tgl. 10–19 Uhr | 9,50 Euro | 40, chemin de la Badesse | Les Milles | www.campdesmilles.org*

EINKAUFEN

In der Altstadt nördlich des Cours Mirabeau sind nahezu alle Luxusmarken der Modewelt vertreten. Kulinarische Spezialität der Stadt sind die süßen *calissons*, die u. a. die INSIDER TIPP *Konditorei Béchard* *(12, Cours Mirabeau)* anbietet, oder die Versuchungen von *Chocolat de Puyricard (7, Rue Rifle-Rafle)*. Seit vier

Generationen gehört die Familie Fouque zu den Spezialisten für die *santons,* die provenzalischen Krippenfiguren. In der Werkstatt *Santons Fouque (65, Cours Gambetta | www.santons-fouque.com)* gibt es Hunderte von verschiedenen Tonfigurinen. Die gemütliche Buchhandlung *Book in Bar (4, Rue Joseph Cabassol)* hat sich auf ausländische Bücher spezialisiert – ob englische, deutsche oder dänische Titel und natürlich noch viele andere. Sie dürfen gerne länger bleiben und sich bei Smoothies und Scones durch die Regale lesen.

MÄRKTE

Selbst an Sonn- und Feiertagen gibt es in Aix frisches Gemüse auf dem täglichen Erzeugermarkt an der *Place Richelme* zu kaufen. Di, Do und Sa kommt noch der große Wochenmarkt auf der *Place des Prêcheurs* dazu, der Floh- und Krämermarkt ist Di, Do und Sa auf der Fläche vor dem Justizpalast *(Palais de Justice)* platziert. Die Kleiderhändler verkaufen Sa rund um den Justizpalast und Di und Do auf dem *Cours Mirabeau.* Auf der Prachtstraße bauen im Sommer praktisch jedes Wochenende und im August sogar jeden Abend *(Nuitées d'Aix)* Kunsthandwerker ihre Stände auf.

PORT-SAINT-LOUIS-DU-RHÔNE

(🕮 16/B4) **Rund 40 km südlich von Arles und etwa 65 km westlich von Marseille liegt die kleine Hafenstadt Port-Saint-Louis-du-Rhône (9 000 Ew.).**

Der Ort befindet sich am linken Ufer der Rhône, nur wenige Kilometer entfernt von der Mündung des Flusses ins Mittelmeer. Port-Saint-Louis-du-Rhône ist damit die letzte Stadt am Fluss. Während die Region nördlich und östlich von Port-Saint-Louis-du-Rhône überwiegend von Industrie und Hafenanlagen geprägt ist, eröffnen sich im sumpfigen Gebiet um das Rhône-Delta unvergleichliche landschaftliche Reize. Die benachbarte Camargue beeindruckt mit ihren malerischen Dünen und Sandstränden, Salzsümpfen sowie Flamingos und anderen bunten Wasservögeln. Eine weitere Attraktion sind die für die Camargue charakteristischen und berühmten halbwilden schwarzen Stiere und die weißen Pferde.

SEHENSWERTES

TURM SAINT-LOUIS

Der Turm wurde im Jahr 1737 erbaut und diente als Wachturm und Zufluchtsort für die Bevölkerung der Umgebung, später auch als Leuchtturm. Er beherbergt neben der Touristeninformation ein Vogelkundemuseum im ersten sowie zeitgenössische Kunst- und Fotoausstellungen im zweiten Geschoss. Die ornithologische Sammlung ist die größte dieser Art in der Camargue. 168 Exponate sind zu bewundern und werden anhand von Schautafeln im Detail erklärt. Eine Übersichtskarte informiert den Besucher außerdem darüber, an welchen Orten die ausgestellten Vögel in der freien Natur beobachtet werden können. Von der *Aussichtsplattform des Turmes* aus genießt man einen einzigartigen Blick über die reizvolle Landschaft der Flussmündung und der Camargue; für Fernblicke steht auch ein Teleskop kostenlos zur Verfügung. *13, quai Bonnardel*

KIRCHE SAINT-LOUIS

Die Kirche des Ortes mit ihrer Friedensglocke wurde – ebenso wie das benach-

ESSEN & TRINKEN

Unter der Sonne des Südens reifen die besten Zutaten. Deswegen ist die Küche in der Provence einfach, leicht und gesund.

Viel Gemüse, Fisch, aromatisches Olivenöl, Knoblauch und guter Wein sorgen dafür, dass die Provenzalen die höchste Lebenserwartung in ganz Frankreich haben. Dabei widerspricht die hiesige Ernährungstradition eigentlich den Bauernregeln des Nordens. Wie oft in südlichen Ländern fällt das Frühstück *(petit déjeuner)* eher karg aus: Eine Tasse Kaffee, eventuell mit Milch *(café crème),* dazu Weißbrot, Butter und Marmelade, manchmal noch ein Croissant oder ein mit Schokolade ***gefülltes Blätterteigteilchen*** *(pain au chocolat),* das reicht meist schon für den Tagesanfang.

Beim Mittagessen *(déjeuner)* zwischen 12 und 14 Uhr werden dann oft schon drei Gänge aufgefahren. Das Menü ist heute noch wichtig und besteht aus der Vorspeise *(entrée),* dem Hauptgang *(plat principal)* mit Fleisch *(viande),* Fisch *(poisson)* oder Geflügel *(volaille)* und zum Abschluss Käse oder Dessert. Aber die Essgewohnheiten wandeln sich langsam: In den meisten Restaurants der Gegend wird niemand mehr schief angeschaut, der mittags nur einen großen Teller gemischten Salat *(salade composée)* essen möchte oder sich auf das meist preiswerte Tagesgericht *(plat du jour)* beschränkt.

Nachmittags, bei der ***Pause in einem Straßencafé***, ist der kleine Schwarze angesagt, der *café* in der Espressotasse, oder auch die *noisette,* der kleine Schwar-

LANDLIEBE

Es geht nicht etwa um Joghurt, davon gibts herzlich wenig in der Provence, denn die Milchkühe fehlen, sondern um die Vorliebe der Provenzalen, lokal oder, am allerbesten, gleich direkt beim Produzenten zu essen. Das nennt man dann *ferme auberge* oder auch *bistrot de pays.* Molekularküche ist dort nicht zu erwarten, sondern bodenständiges, ehrliches Essen mit den Erzeugnissen vom Hof bzw. aus dem Dorf. Die *fermes auberges* liegen durchweg auf dem Land, die *bistrots de pays* sind oft die Dorfgaststätten in kleinen Ortschaften. *www.bistrotdepays.com, www.bienvenue-a-la-ferme.com*

Luxus und Einfaches auf einem Teller: Unter der provenzalischen Sonne reifen die besten Zutaten für köstliche Speisen und Weine

ze mit ein wenig Milch. Einheimische werden zu dieser Tageszeit selten eine ganze Tasse *café crème* oder einen Filterkaffee *café américain* bestellen, lassen sich aber zur Abwechslung einen Frucht- oder Kräutersirup wie *menthe à l'eau* oder *grenadine* kommen, der mit Wasser aufgefüllt wird. Oder eine *tomate:* Das ist aber nicht etwa ein Tomatensaft, sondern ein Pastis mit Grenadinesirup! Wundern Sie sich übrigens nicht, Sie werden, gerade wenn es „nur" ums Trinken geht, in kaum einer Bar automatisch eine Karte bekommen. Man bestellt nach Lust, Tageszeit und Klima.

Abends, zum *dîner,* das die Franzosen nie vor 20 Uhr bestellen, entfaltet die Küche der Provence dann ihre ganze Pracht.

SPEISEN

aïoli – Mayonnaise aus reichlich zerstoßenem Knoblauch, Eigelb und Olivenöl

brandade de morue – Das Stockfischpüree, einst ein Armeleuteessen, ist heute schon fast zum Luxus geworden

brouillade de truffes – Klassiker unter den Trüffelrezepten: verschlagene Eier, mit Butter vorsichtig erwärmt und mit *crème fraîche* vermischt. Zum Schluss werden frische Trüffeln über das omelettartige Gericht geraspelt

calissons d'Aix – Köstlichkeit aus Mandelmasse, Honig und kandierten Melonen mit Zuckerguss

fleurs de courgettes – Zucchiniblüten, mit Hackfleisch oder Frischkäse *(brousse)* gefüllt

gardianne de taureau – das in Rotwein geschmorte (Stier-)Gulasch der Camargue, eng verwandt mit der *daube provençale* aus Rindfleisch

petits farcis – mit Hackfleisch (und Spinat) gefüllte Gemüse

ratatouille – Auberginen, Paprika, Tomaten, Zwiebeln und Zucchini, in Olivenöl mit Kräutern gedünstet

tapenade – Creme aus schwarzen Oliven, Kapern, Sardellenfilets, Olivenöl und Pfeffer

barte Rathaus – im Jahr 1907 erbaut. Das katholische Gotteshaus ist Saint Louis, dem heiligen Ludwig, geweiht. *1, avenue de la République*

INSIDER TIPP GARDIAN'S HOLZHÜTTE

Diese Holzhütte ermöglicht den Besuch eines traditionellen Hauses der „Sumpflandbewohner" wie der „Gardians", der berittenen Rinderhirten der Camargue. Zu besichtigen sind hier unter dem typischen Reetdach nicht nur Werkzeuge und antike Möbel, sondern auch Schnitzereien, hölzerne Lockvögel und anderes. *25, rue Barbès*

MARTIGUES

(🕮 16/C4) **Das italienische Venedig wird immer wieder gern als Vergleich herangezogen, wenn eine Stadt vom Wasser geprägt ist – so auch im Fall von Martigues (49 500 Ew.), das auch als das provenzalische Venedig bekannt ist.**
Ganz von der Hand zu weisen ist der Vergleich nicht: Östlich von Martigues liegt der Étang de Berre, ein Haff, das über den Canal de Caronte an den Golf von Foss angebunden und der zweitgrößte Binnensee in Frankreich ist. Südwestlich eröffnet sich dann das Mittelmeer und das Viertel L'Île wird, wie auch der Name verrät, von Wasser umflossen, denn der Canal de Caronte verzweigt sich hier in die beiden Arme Canal Galiffet und Canal Baussengue.

SEHENSWERTES

L'ÎLE

Besonders malerisch ist der historische Stadtkern von Martigues, in dem die Venedigatmosphäre deutlich erfahrbar wird. Auch wenn als Folge des Ausbaus des Canal Galiffet ein Teil des Viertels verloren ging, wird das Flair des ehemaligen Fischerdorfs dennoch spürbar. Besonders malerisch ist auch heute noch der *Miroir aux Oiseaux*: Bunte Fischerhäuschen in Pastellfarben säumen das Wasser, ihre unterschiedlichen Höhen faszinieren das Auge. Kein Wunder, dass auch zahlreiche Maler zum Ende des 19. Jh.s diese pittoreske Mittelmeerkulisse in ihre Werke einfließen ließen. An der *Place Mirabeau* wiederum können Sie schöne Bürgerhäuser bewundern.

MUSÉE ZIEM

Dem Namensgeber, dem Maler Félix Ziem, ist ein Großteil der Exponate des Museums gewidmet, darunter das Selbstbildnis des Künstlers sowie verschiedene Ansichten aus Martigues. Weitere Ausstellungsschwerpunkte sind zeitgenössische Kunst und eine archäologische Abteilung, die Fundstücke aus der Region um Martigues umfasst. *Boulevard du 14 juillet | 1. Juli–31. Aug. Mi–Mo 10–12, 14–18, 1. Sep.–30. Juni Mi–So 14–18 Uhr*

MARSEILLE

Marseille kennt keine Zwischentöne. Man liebt oder hasst die älteste Stadt Frankreichs. Die quirlige Großstadt (800 000 Ew.) an einer der schönsten Buchten des Mittelmeers ist ein Schmelztiegel der Nationen, mit ihren über 100 Vierteln chaotisch, voller Widersprüche und voller Poesie.
Die Gegensätze werden immer schärfer: Auf der einen Seite bringen die mörderischen Bandenkriege der Drogenhändler in den Armenvierteln des Nordens die Stadt immer wieder in die Schlagzeilen. Auf der anderen Seite bezaubert Europas Kulturhauptstadt 2013 selbst die kritischsten Einwohner und Touristen

mit einem komplett neu gestalteten Hafenviertel, einem halben Dutzend neuer Museen und spektakulären Meisterwerken der zeitgenössischen Architektur. Marseille ist unbestritten das kulturelle Zentrum des Südens. Die vielen Theater haben mehr Zuschauer als die Kicker vom über 100 Jahre alten Fußballclub Olympique de Marseille (OM) im jetzt überdachten Stade Vélodrome, die Rapmusik mit nordafrikanischen Elementen ist in ganz Frankreich ein Begriff, alte Industriebrachen sind ein Paradies für junge Künstler. Und mit seiner Schokoladenseite am Meer und den herrlichen Stadtstränden setzt Marseille zum ersten Mal in seiner über 2600-jährigen Geschichte auf Tourismus.

Wer verstehen will, warum die Einwohner ihre Stadt trotz des schlechten Rufs lieben, muss nur einmal vom Vieux Port, dem Alten Hafen, auf der Corniche, der Küstenstraße, am Meer entlang nach Osten fahren, bis zu den kleinen Häfen von Les Goudes oder Callelongue. Und wer vom Platz der Basilika Notre-Dame-de-la-Garde aus sieht, wie die untergehende Sonne das Häusermeer am Wasser in Gold taucht, bevor sie hinter den Hügeln versinkt, wird diesen majestätischen Blick über die Metropole nie mehr vergessen.

Traumhafte Lage: der alte Hafen von Marseille vor den Frioulinseln

Das Office de Tourisme bietet neben Routenvorschlägen einen *City-Pass (1/2/3 Tage 26/33/41 Euro)* mit kommentierten Besichtigungen, Überfahrt zum Château d'If, Gratiseintritt in viele Museen, kostenloser Nutzung von Bus und Metro sowie weiteren Ermäßigungen an.

SEHENSWERTES

CHÂTEAU D'IF UND ARCHIPEL DU FRIOUL *(🕮 16/D4)*

Der Graf von Monte Christo gilt als berühmtester Gefangener auf der kleinen Insel If. Dabei war er nur Romanheld von Alexandre Dumas. Die Festung *Châ-*

teau d'If samt Aussichtsturm auf der gleichnamigen Insel wird wie auch die anderen Eilande in der Bucht von Marseille, die Frioulinseln *Ratonneau* und *Pomègues,* vom Alten Hafen aus angefahren *(Frioul-If-Express | tgl. jede Stunde im Sommer | Kombiticket 16,20 Euro).* Ratonneau besitzt mit dem INSIDER TIPP *Port de Morgeret* und der *Calanque de Saint-Estève* zwei der schönsten Strände der Stadt.

CITÉ RADIEUSE

In Marseille heißt die revolutionäre Wohnanlage von Le Corbusier *La Maison du Fada,* „Haus des Verrückten". Die 1953 vollendete „Lichterstadt" auf Pfeilern für knapp 2000 Menschen gilt als Meilenstein der modernen Architekturgeschichte. Das hat auch die UNESCO honoriert – zusammen mit anderen Le-Corbusier-Werken erhielt die Anlage 2016 den Welterbestatus. Das Haus beherbergt das Feinschmeckerrestaurant *Le Ventre de l'Architecte (So/Mo geschl. | €€€)* im Stil der Fünfzigerjahre. Von der Dachterrasse haben Sie einen herrlichen Blick. *Bus 21, 22 Le Corbusier*

COURS JULIEN/LA PLAINE

Bunte Street-Art an fast jeder Ecke, Kunst in allen Varianten hinter Vitrinen und live, dazu Cafés, Restaurants, Bars und designerdesignte Geschäfte: Das ist das Viertel La Plaine rund um die Place Jean Jaurès mit ihrem großen Markt (Di-, Do- und Sa-Vormittag, Mi-Vormittag Blumenmarkt) und dem Cours Julien (Mi-Vormittag Markt). *Metro 2 Notre Dame du Mont*

DOCKS DE LA JOLIETTE *(18/B1)*

Schon den zweiten Relaunch hat die alte Speicherstadt aus dem 19. Jh. über sich ergehen lassen (müssen). Nun gibt es in ihr nicht mehr nur Büros, sondern vor allem exquisites Shopping- und Schlemmver-

Unwirklich schön ist Marseille bei Nacht

gnügen. Dazu kommen Ausstellungen und Happenings aller Art. Bemerkenswert: die kühne Büroarchitektur von Jean Nouvel und Zaha Hadid, die zwar vorrangig dem Arbeiten dient, aber zugleich das Antlitz von Marseille neu geprägt hat. *Metro 2 La Joliette, Tram 2 | www.lesdocks-marseille.com*

FONDS RÉGIONAL D'ART CONTEMPORAIN *(🕮 18/B1)*

Das Museum für zeitgenössische Kunst hat der japanische Architekt Kengo Kuma mit einem spektakulären Pixelturm gekrönt. Es setzt auch bei Sonderausstellungen konsequent auf junge, zeitgenössische Kunst. Loungebar mit Terrasse! *Di–Sa 12–19, So 14–18 Uhr | 5 Euro, So frei | 20, blvd. de Dunkerque | Metro 2 La Joliette, Tram 2 | www.fracpaca.org*

FRICHE LA BELLE DE MAI *(🕮 18/E1)*

Auf dem Gelände einer ehemaligen Tabakfabrik im Viertel Belle de Mai neben den Bahngleisen, die zur Gare Saint-Charles führen, ist ein bemerkenswertes Kultur- und Medienzentrum entstanden. Vereine, Radiostationen, Künstlerateliers, Skatepark und Musikstudios teilen sich die alten Fabrikhallen, die auch noch einen Panoramaturm mit einer riesigen Dachterrasse für Ausstellungen *(Di–So 13–19 Uhr | tagsüber Zugang über die Ausstellungen, 5 Euro)* bekommen haben. Im Hochsommer werden auf der Terrasse Abende mit DJs *(Fr/Sa 19–23 Uhr | Eintritt frei)* oder Freiluft-Kinoabende *(So | Eintritt frei)* organisiert. Die Kantine INSIDER TIPP *Les Grandes Tables de la Friche (So–Mi mittags, Do–Sa mittags und abends | Tel. 04 95 04 95 85 | €)* legt Wert auf Slow Food. *41, rue Jobin | Bus 49, 52 | www.lafriche.org*

KIRCHEN *(🕮 18/B3)*

Für den Bau der *Cathédrale de La Major (place de la Major | Bus 49, 60, 82, 82S)* im 19. Jh. ist die mittelalterliche Major-Basilika fast komplett zerstört worden. Die Marseiller haben das den Bauherren übelgenommen und dafür die neue Kathedrale abgestraft: Sie ist bis heute innen nicht fertig ausgekleidet und wird aufgrund ihrer dekorativen Streifen „Pyjama" genannt. Dafür ist der *Vorplatz* der neuen Major-Kirche mit herrlichem Blick aufs Meer komplett neu gestaltet. Die Wehrkirche *Saint Victor (tgl 10–19 Uhr | 2 Euro | place Saint-Victor | Bus 54, 60, 80)* aus dem 11. und 13. Jh. mit einer sehenswerten Krypta steht auf den Fundamenten eines einst mächtigen Klosters (3.–5. Jh.) und ist heute Konzertsaal für ein Klassikfestival. Über die architektonische Schönheit von ★ *Notre-Dame-de-la-Garde (tgl. 7–18.15, Sommer bis 19.15 Uhr | rue Fort du Sanctuaire | Bus 60 | www.notredamedelagarde.com)* aus dem 19. Jh. lässt sich streiten. Der Besuch der *Bonne Mère,* der „Guten Mutter" als

Beschützerin der Stadt, lohnt sich aber allemal wegen des tollen Blicks auf die Stadt. Auf dem Hügel mit immerhin 149 m gibt es außerdem eine Boutique, das von Ordensschwestern betriebene Caférestaurant *L'Eau Vive (tgl. 8–17.30 Uhr | €)* und ein *Museum (Di–So 10–17, Sommer bis 18 Uhr | 6 Euro)*, das die letzten 800 Jahre der Pilgerstätte lebendig macht.

MUSÉE CANTINI *(🕮 18/C4)*

Das Museum in dem Stadtpalais, das der Mäzen Jules Cantini mit seiner Sammlung 1916 der Stadt geschenkt hat, ist spezialisiert auf die Kunst des 20. Jh.s bis 1960 um Surrealisten wie André Breton oder Max Ernst, die im Zweiten Weltkrieg als Flüchtlinge in Marseille lebten. *Di–So 10–18 Uhr | 6 Euro | 19, rue Grignan | Metro 1 Estrangin*

MUSÉE DES CIVILISATIONS DE L'EUROPE ET DE LA MÉDITERRANÉE (MUCEM) UND FORT SAINT-JEAN *(🕮 18/A3)*

Das ★ *MuCEM (Mi–Mo 11–18, Sommer bis 20 Uhr | Ausstellungen 9,50 Euro, Gelände Eintritt frei | www.mucem.org)* ist definitiv der neue Stern am Kulturhimmel von Marseille – aber worum geht es eigentlich? Vor allem darum, verbindende Elemente zwischen den Kulturen des Mittelmeerraums (gestern wie heute) zu suchen. Damit die Fragen nicht nur in den Ausstellungen behandelt werden, wurde auch die Architektur entsprechend konzipiert: Alt (das *Fort Saint-Jean*) und Modern (die *Esplanade J4*) wurden in 20 m Höhe durch eine schmale Betonbrücke verbunden und das Museum mit seiner Hülle aus dunklem Spezialbeton sieht aus wie Brüsseler Spitzen. Die Architekten Rudy Ricciotti und Roland Carta haben so einen Ort geschaffen, der einerseits hochsymbolisch ist und gleichzeitig einfach zum Entspannen einlädt. Im und auf dem Komplex gibt es Gärten, Spazierwege, ein Restaurant und Café von Dreisternekoch Gérald Passedat *(www.passedat.fr)*, eine Aussichtsterrasse mit bequemen Liegestühlen aus Massivholz zum Sonnenbaden, eine kostenlose Mediathek, eine Bücherei und sogar ein Marionettentheater. Der INSIDER TIPP *Turm Roi René* im Fort Saint Jean gehört auch dazu – von ihm haben

WENN NICHTS MEHR GEHT

Es fährt kein Bus, der Müll häuft sich in den Straßen und selbst im Fernsehen gibt es in den staatlichen Kanälen nur Notausgaben der Nachrichten: Soziale Auseinandersetzungen werden in Frankreich und vor allem in den großen Städten des Südens wie Marseille mit harten Bandagen ausgetragen. Egal, ob das Rentenalter erhöht wird, neue Einschnitte ins soziale Netz drohen, alte Privilegien gestrichen werden oder ein Busfahrer von Jugendlichen angegriffen wird: Es wird zunächst einmal gestreikt. Obwohl die Gewerkschaften viel weniger Mitglieder als in Deutschland haben, legen sie innerhalb kürzester Zeit das öffentliche Leben lahm. Besonders häufig betroffen sind der öffentliche Nahverkehr und der Hafen von Marseille. Weil Tarifpartnerschaft ein Fremdwort ist, werden zuerst Beschlüsse gefasst, dann wird gestreikt und demonstriert, bis schließlich die Verhandlungen beginnen.

Außergewöhnlich ist die Architektur des MUCEM

Sie außergewöhnliche Ausblicke auf die Stadt und den Hafen. *1, Esplanade du J4 | Bus 49, 60, 82, 82S*

INSIDER TIPP MUSÉE D'HISTOIRE DE MARSEILLE *(18/C3)*
Beim Bau des Einkaufszentrums Centre Bourse haben Archäologen in den 1960er-Jahren den antiken Hafen gut 250 m vom heutigen Alten Hafen freigelegt. Neben dem *Jardin des Vestiges* mit Ruinen der römischen Stadt hat Architekt Roland Carta das einst etwas verstaubte stadtgeschichtliche Museum im Untergeschoss des Einkaufszentrums völlig neu gestaltet und Platz für das Römerschiff mit seinen Amphoren geschaffen, das bei den Ausgrabungen entdeckt wurde. Das Museum zeichnet die 2600-jährige Geschichte der Stadt bis in die Gegenwart nach. *Di–So 10–18 Uhr | 6 Euro | 2, rue Henri Barbusse | Metro 1 Vieux Port, Tram 2 | www.musee-histoire-marseille-voie-historique.fr*

INSIDER TIPP MUSÉE REGARDS DE PROVENCE *(18/B3)*
Das 1948 eröffnete, aber seit 1951 leer stehende und in Vergessenheit geratene Quarantänezentrum unterhalb der Kathedrale La Major am Hafen ist vom Privatsammler Pierre Dumon ganz behutsam saniert und zum Museum mit Dachterrasse und Café umgebaut worden. Zu sehen gibt es Bilder, Skulpturen und Fotografien von Künstlern der Region sowie Sonderausstellungen, die zeigen, wie reich die künstlerische Tradition in der Provence und wie gut die Sammlung bestückt ist. *Tgl. 10–18 Uhr | Kombiticket Dauer- und Sonderausstellungen 8,50 Euro | av. Vaudoyer | Bus 82 | www.museeregardsdeprovence.com*

PARKS
Über 300 Gärten, Parks und Grünanlagen schmücken Marseille. Der *Parc Borély (Bus 19)* in der Südstadt hinter der Pferderennbahn an der Strandpro-

Vom Armenhospiz zum Kulturtempel: die Vieille Charité

menade hat unterschiedliche Bereiche: einen französischen Garten mit Schloss und Brunnen, einen englischen Park mit See, einen Rosen- und einen botanischen Garten. Anfang Juli ist der Park Schauplatz für die Pétanquemeisterschaft der Zeitung „La Marseillaise". Im Schloss residiert das *Musée Borély (Di–So 10–18 Uhr | 6 Euro)* mit Kunstgewerbe, Fayence und Mode. Einen großartigen Blick auf den Alten Hafen bietet der *Jardin du Pharo (Bus 81, 82, 82S, 83)* mit dem *Palais du Pharo,* das Napoleon III. gegenüber dem Fort Saint-Jean für seine Frau bauen ließ. Der *Parc du 26ème Centenaire (Rond-Point Zino Francescatti | Bus 50, 73)* hat ein ehemaliges Bahnhofsgelände zu einer schönen Parklandschaft mit vier Themengärten gemacht, in der der *Arbre de l'Espérance,* der Baum der Hoffnung, für die Multikultistadt steht. Das Projekt von Schriftsteller und Filmregisseur Marcel Pagnol, 1941 aus dem Château de la Buzine ein französisches Hollywood zu machen, ist zwar gescheitert, aber der *Parc de la Buzine* um das Kinomuseum *La Buzine (Di–So 10–18 Uhr | 7,70 Euro | 56, traverse de la Buzine | Bus 51 | www.labuzine.com)* im Osten von Marseille unweit des Einkaufszentrums La Valentine ist einen Spaziergang wert.

INSIDER TIPP VALLON DES AUFFES UND MALMOUSQUE

Mitten in der Großstadt ein Fischerhafen wie aus dem Bilderbuch. Der Zugang zum *Vallon des Auffes* erfolgt über eine Treppe gegenüber dem Orientkriegerdenkmal *La Porte de l'Orient (Bus 83).* Unter dem Viadukt sind gleich drei empfehlenswerte Restaurants. Das *Chez Fonfon (Mo-Mittag und So geschl. | Tel. 04 91 52 14 38 | www.chez-fonfon.com | €€€), die* Institution für Fischgerichte, hat sein Angebot erweitert und neben dem Restaurant im kleinen Hafen das Tapabistro *Viaghji di Fonfon (www.viaghjidifonfon.com | €)* eröffnet. Ein Stern am Gastrohimmel ist *L'Épuisette (So/Mo geschl. | Tel. 04 91 52 17 82 | €€€),* sehr viel einfacher die *Pizzeria Chez Jeannot (So-Abend und Mo geschl. | Tel. 04 91 52 11 28 | €–€€).*

Ein weiteres für eine Großstadt überraschendes Viertel ist *Malmousque.* Nicht weit entfernt liegt die Bucht Anse de

Maldormé, in der Gérald Passédat im 1917 von seinem Großvater gegründeten Haus das beste Restaurant der Stadt betreibt: *Le Petit Nice (So/Mo geschl. | 17, Corniche John F. Kennedy | Tel. 04 91 59 25 92 | www.passedat.fr | €€€)*

LA VIEILLE CHARITÉ ★ *(🕮 18/B2-3)*

Der wunderbare Barockbau von Pierre Puget aus dem 17. Jh. mitten im Altstadtviertel Le Panier ist mit seinen Sammlungen zur Mittelmeerarchäologie und Kunst aus Afrika, Ozeanien und Amerika sowie Kunst- und Designausstellungen eines der schönsten Museen von Marseille. *Di–So 10–18 Uhr | 6 Euro | 2, rue de la Charité | Metro 2 Joliette, Tram 2 | vieille-charite-marseille.com*

VIEUX PORT UND LE PANIER *(🕮 18/B2)*

Der Vieux Port, der ★ *Alte Hafen,* ist seit 2600 Jahren das Herz von Marseille und Ausgangspunkt für die Erkundung der Stadt. Jeden Morgen findet am Quai des Belges (oder am Quai de la Fraternité, wie sein offizieller Name seit Anfang des Jahrtausends lautet), an dem die Ausflugsschiffe anlegen, der pittoreske *Fischmarkt* statt. Direkt daneben erhebt sich Sir Norman Fosters originelle *Ombrière,* eine Art Spiegelbaldachin. Rechter Hand, über den Quai du Port auf Höhe des Rathauses *(Hôtel de Ville),* das von der deutschen Abrissaktion im Zweiten Weltkrieg verschont wurde, führt der Weg ins Altstadtviertel *Le Panier.* Wie das Rathaus erhalten geblieben sind die *Maison Diamantée* und das *Hôtel de Cabre* mit ihren sehenswerten Fassaden aus dem 16. Jh. Zum Fünfsternehotel mit Gourmetrestaurant und einer prächtigen Terrasse für den Aperitif umgebaut ist das ehemalige Krankenhaus *Hôtel Dieu.* Vom markanten Turm *Clocher des Accoules* geht es über Treppen hinauf zur *Place des Moulins,* dem Zentrum des Viertels, das mitten in der Großstadt noch dörflichen Charakter hat.

VILLA MÉDITERRANÉE *(🕮 18/A3)*

Das Gebäude, das Architekt Stefano Boeri als Konferenzzentrum für die Region Provence-Alpes-Côte d'Azur wie ein Sprungbrett über einem Wasserbecken direkt neben dem MuCEM entworfen hat, beherbergt Seminare und kleine Ausstellungen. Boutique, Café, Dauerausstellung und Belvedere mit spektakulärem Ausblick sind für die Bevölkerung offen. *Di–Fr 12–18, Sa, So und in den Schulferien 10–18 Uhr | Eintritt frei | Esplanade du J4, Bus 83*

ESSEN & TRINKEN

L'ARÔME *(🕮 18/E4)*

Im Szeneviertel La Plaine tolle Bistroküche vom Exkoch des Nobelrestaurants

Altstadtgasse in Le Panier

„Les Trois Forts". Kurze Karte und frischer Fisch auf dem Teller. *Mittags und So geschl. | 9, rue des Trois Rois | Metro 2 Notre Dame du Mont | Tel. 04 91 42 88 80 | €€*

CHEZ MADIE LES GALINETTES (*18/B3*)

Eines der letzten ursprünglichen Restaurants mit provenzalischen Spezialitäten direkt am Alten Hafen. Mit Terrasse. *So-Abend geschl. | 138, quai du Port | Metro 1 Vieux Port | Tel. 04 91 90 40 87 | €€*

MY GARDEN (*18/B3*)

Nur die grün bemalte Außenfassade verrät das kleine, gemütlich-junge Restaurant. Der Name deutet es an: Hier gibt es vor allem Salate, von europäisch bis asiatisch und vor allem als kreative Mischungen. *Abends und Di geschl. | 32, rue Caisserie | Tel. 06 10 34 73 80 | €*

INSIDER TIPP TEAVORA (*18/E2*)

Wundern Sie sich nicht, wenn die Tür trotz offizieller Öffnungszeit geschlossen ist, und klingeln Sie einfach! Innen geht es von Saal zu Saal, von Ambiente zu Ambiente. Und wundern Sie sich auch nicht, wenn man Sie bittet, die Schuhe auszuziehen – spätestens wenn Sie durch feinen Sand waten, wissen Sie, warum. Es gibt Sitzkissen, Tee in allen Varianten, dazu Kleinigkeiten in Süß und Salzig. Eine Oase in jedem Sinn des Worts! *So/Mo geschl. | 65, Blvd. Longchamp | Tel. 04 91 95 73 90*

TOINOU (*18/D3*)

Die Einheimischen täuschen sich nicht: Wohl nirgendwo in der Stadt gibt es frischere und bessere Meeresfrüchte. Dafür gibt es kein einziges warmes Gericht, außer den Muschelvariationen in den Monaten ohne „r", also von Mai bis August. *Tgl. | 3, cours Saint-Louis | Bus 21 | Tel. 04 91 33 14 94 | €*

EINKAUFEN

Auch wenn die alte Prachtstraße *La Canebière* heute nicht mehr so glänzt wie früher, sie ist zusammen mit ihren Nebenstraßen weiterhin die erste Adresse fürs Shoppingvergnügen im Zentrum. Am Beispiel Schuhe: drei Straßen, drei Preiskategorien: In der *Rue de Rome* finden Sie Paare ab 5 Euro, in der *Rue Saint-Ferréol* ab 50 Euro, in der *Rue Paradis* sollten Sie 150 Euro nicht schrecken. Für Schuhe braucht man nicht nach Marseille? Recht haben Sie! Deshalb hier ein paar besondere Adressen, die Sie so garantiert nirgendwo anders finden.

Wer es würzig mag, muss durch die Gässchen rund um die *Place du Marché-des-Capucins* (hier Mo–Sa Markt) streifen; vor allem bei *Saladin (10, rue Longue des Capucins | lapistacheraie.com)* riecht und schmeckt es fantastisch nach Orient. Ein paar Schritte weiter im Haushalts- und Eisenwarenladen *Maison Empereur (4, rue des Récolettes | www.empereur.fr)* finden Sie Dinge, die Sie schon immer gesucht, aber nie gefunden haben, z. B. Seifen zum An-die-Wand-Schrauben oder richtig schwere Eisenpfannen für die Küche – eine Art französisches Manufactum. Und bei *Père Blaize (4–6, rue Meolan et du Père Blaize | www.pereblaize.fr)* gibt es jedes Küchenkräutchen, das Sie sich vorstellen können; keine Angst: Nur die Einrichtung ist alt, die Kräuter sind frisch! Jetzt brauchen Sie noch Rezepte oder Bestimmungsbücher? Am *Cours d'Estienne d'Orves* im *Les Arcenaulx* (da kann man übrigens auch wunderbar essen!) ist die Buchhandlung *Jeanne Laffitte* eine Referenz. Oder Sie spazieren auf die andere Hafenseite in den *Buchladen im MuCEM*. Wenn Sie dann schon da drüben sind: Das Panier, vor allem die *Rue du Panier* und ihre Seitengassen, ist *der* Ort für Secondhand-Designer-Antiquitäten-Läden (doch, so etwas gibt es tatsächlich!). Jetzt brauchen Sie dringend etwas Süßes für den Gaumen? *L'Espérantine (17, quai de la Tourette)* verkauft Schokolade, die mit Olivenöl hergestellt ist!

Die klassische Kernseife aus Marseille führt die *Compagnie de Provence (1, Rue Caisserie)*. Ebenfalls eine Institution in Marseille ist die Familie Rofritsch, die seit über 100 Jahren Pétanquekugeln produziert. Die für die Hand der Spieler maßgeschneiderte *triplette* (drei Kugeln) der letzten Boulefabrik in der Stadt kostet zwischen 100 und 230 Euro, Geschenkboxen gibts ab 45 Euro: *La Boule Bleue (Montée Saint-Menet | La Valentine | www.labouleblеue.fr)*.

Im Street-Art-Viertel rund um den Cours Julien finden Sie Mode made in Marseille, z. B. *Madame Zaza of Marseille (73, cours Julien)*, im *Comptoir de la Plaine (27 b, rue de la Bibliothèque)* außerdem auch Deko und Schmuck. Sympathisch sind auch *Le Wishes (16, rue Pastoret)* oder der Konzeptstore *Oogie (55, cours Julien | www.oogie.eu)*.

Für Kreuzfahrttouristen konzipiert, aber auch für Leute, die direkt am Meer einkaufen und dabei auf der riesigen Terrasse hoch über dem Hafenbecken von Boutique zu Boutique spazieren wollen, ist *Les Terrasses du Port (9, quai du Lazaret | www.lesterrassesduport.com)* mit über 150 (Luxus-)Geschäften, Cafés und Restaurants.

STRÄNDE

Marseille hat seine Strände herausgeputzt. Die David-Statue auf der Kreuzung der Küstenstraße mit der Avenue du Prado, eine Kopie des Michelangelo-Werks, ist Anhaltspunkt für die *Plages Gaston-Defferre*: über 45 ha mit Sand- und Kieselstränden, Duschen, Rasenfläche, Cafés und Restaurants sowie im Sommer Konzerten und Beachvolleyballturnieren. Empfehlenswert ist auch der Strand im Nordwesten von L'Estaque, die *Base Nautique de Corbières*, mit Blick auf die Bucht von Marseille.

ANLEGESTELLEN

▶ CHALON-SUR-SAÔNE
Kreuzfahrtschiffe legen an der Quai Gambetta in Zentrumsnähe an.

▶ LYON
Lyon besitzt Schiffsanlager am Quai Claude Bernard an der Rhône, von dem das historische Viertel Croix-Rousse knapp 4 km nördlich entfernt liegt, und am Quai Rambaud an der Saône.

▶ TOURNON-SUR-RHÔNE
Der Schiffsanleger in Tournon-sur-Rhône befindet sich in der Nähe des Zentrums.

▶ AVIGNON
Kreuzfahrtschiffe machen am Boulevard du Rhône in der Nähe des Zentrums fest.

▶ PORT-SAINT-LOUIS
Schiffe machen zentrumsnah am Quai Bonnardel fest.

▶ MARTIGUES
Der Schiffsanleger von Martigues befindet sich in der Nähe des historischen Viertels LÎle.

Weitere Anlegestellen befinden sich u. a. in Trévoux, Viviers, Mâcon, Belleville-sur-Sâone, Arles und Châteauneuf-du-Pape.

PRAKTISCHE HINWEISE

INFORMATIVE WEBSITES

Allgemeine Infos über das Land gibt die Website der Botschaft in Berlin: www.ambafrance-de.org. Informationen über die deutsch-französische Zusammenarbeit mit aktuellen Kulturterminen finden Sie unter *www.france-allemagne.fr*. Wissenswertes über Reisen vermitteln die Websites *www.frankreich-experte.de* und *www.frankreich-trip.com*. Aktuelle Wetterinformationen erhält man u. a. auf *www.meteofrance.fr*. Eine Liste der französischen Touristenbüros finden Sie auf *www.tourisme.fr*. Ein Großteil der französischen Gemeinden ist mit eigenen Websites online präsent.

WAS KOSTET WIE VIEL?

Kaffee	1,50–2,30 Euro *für einen petit noir am Tresen*
Eis	2–3,50 Euro *für eine Kugel*
Wein	ab 4 Euro *für ein Glas im Bistro*

EINTRITTSPREISE

Generell gilt: Staatliche und städtische Museen sind deutlich günstiger als private Sammlungen und Attraktionen. Kostenlos ist bei Ersteren der Eintritt für EU-Bürger unter 26 Jahren sowie für alle am ersten Sonntag im Monat. Kinder und Senioren können sich über Ermäßigungen von bis zu 50 Prozent freuen, wer älter als 75 Jahre ist, genießt oft freien Eintritt. Vereinzelt haben Museen und Attraktionen saisonal gestaffelte Preise, Juli und August sind dann die teuersten Monate. Die Eintrittskarte online zu kaufen spart in vielen Fällen nicht nur ordentlich Geld, sondern auch Zeit, da Warteschlangen entfallen oder deutlich kürzer sind. City- und Museumspässe lohnen sich nur, wenn Sie ein strammes Besichtigungsprogramm planen.

GELD & KREDITKARTEN

Die einfachste Bargeldbeschaffung erfolgt über die zahlreichen Automaten, die Kredit- und EC-Karten akzeptieren. Kreditkarten werden in Frankreich fast überall und auch für kleine Beträge akzeptiert.

GESUNDHEIT

Mit der Europäischen Versicherungskarte EHIC erhalten alle Versicherten EU-weit medizinische Hilfe in Notfällen (auch für Zahnbehandlungen im akuten Fall), ob akut behandelt, gar operiert werden muss oder Medikamente verschrieben werden. Dies entbindet jedoch nicht von möglichen Zuzahlungen, die sich nach landesüblichen Tarifen richten, und die Einschränkung „Notfall" wird ernst genommen. Französische Arztpraxen sind einfacher ausgestattet als deutsche; praktische Ärzte haben sogar meist keine Sprechstundenhilfe und kassieren bar. Generell sollten Sie Rechnungen und Quittungen aufbewahren.

INTERNETZUGANG & WLAN

Gut für Vielsurfer: Ganz anders als in Deutschland gibt es fast überall freien Zugang ins Netz – allein in Paris an mehr als 1000 Orten, von der Place des Vosges bis zum Parc de Belleville. Alle staatlichen und städtischen Museen, fast alle privaten Museen, alle Bibliotheken, alle Bahnhöfe, Fast-Food-Ketten und Einkaufszentren bieten kostenlosen, unbegrenzten Zugang zum Internet, das nicht nur superschnell ist, sondern auch keine Hürden beim Einloggen aufstellt.

KLIMA & REISEZEIT

Frankreich erfreut sich eines gemäßigten Klimas. Der Norden ist relativ feucht, der Süden zeichnet sich durch lange Sonnenperioden aus. Die beste Reisezeit ist für die meisten Gegenden Frankreichs vom späten Frühjahr bis in den Herbst. An der Côte d'Azur kann man schon an manchen Januartagen draußen in der Sonne sitzen, in der Provence etwa ab März.

NOTRUF

In allen EU-Ländern gilt die Notrufnummer *112*. Sie funktioniert vom Festnetz wie vom Handy aus, auch ohne SIM-Karte oder Vertrag.

POST

Briefe bis 20 g und Postkarten in Länder der Europäischen Union und in die Schweiz kosteten bei Redaktionsschluss 1,20 Euro Porto.

TELEFON & HANDY

Wie in Deutschland wurden auch in Frankreich die öffentlichen Telefonzellen weitestgehend abgebaut. Für Auslandsgespräche aus Frankreich nach Deutschland wählt man die Länderkennzahl 0049, für Österreich die 0043 und für die Schweiz 0041 vor und dann die Ortsvorwahl ohne die erste 0. Für Gespräche nach Frankreich wählt man die Länderkennzahl 0033 vor, dann die Rufnummer ohne die einleitende 0. Innerhalb Frankreichs muss die komplette zehnstellige Nummer gewählt werden.

TRINKGELD

Die Gepflogenheiten ähneln denen in Deutschland. Man lässt sich jedoch beim Bezahlen z. B. im Café oder Restaurant immer erst das Wechselgeld bringen und lässt das Trinkgeld beim Gehen auf dem Tisch liegen.

ZOLL

Innerhalb der EU gibt es für Waren für den persönlichen Bedarf keine Zollgrenzen; Richtmengen hierfür sind z. B. 800 Zigaretten und 10 l Spirituosen. Für Schweizer gelten niedrigere Freigrenzen: 250 Zigaretten und 5 l Wein.

SPRACHFÜHRER

	DEUTSCH	ENGLISCH	FRANZÖSISCH
AUF EINEN BLICK	ja/nein/vielleicht	yes/no/maybe	oui/non/peut-être
	bitte/danke	please/thank you	s'il vous plaît/merci
	Entschuldige!	Sorry!	Pardon!
	Entschuldigen Sie!	Excuse me!	Pardon!
	Darf ich ...?	May I ...?	Puis-je ...?
	Wie bitte?	Pardon?	Comment?
	Ich möchte	I would like to ...	Je voudrais ...
	Haben Sie ...?	Have you got ...?	Avez-vous ...?
	Wie viel kostet ...?	How much is ...?	Combien coûte ...?
	Das gefällt mir (nicht).	I (don't) like this.	Ça (ne) me plaît (pas).
	gut/schlecht	good/bad	bon/mauvais
	viel/wenig	much/little	beaucoup/peu
	offen/geschlossen	open/closed	ouvert/fermé
BEGRÜSSUNG & UNTERWEGS	Guten Morgen!/ Tag!	Good morning!/ afternoon!	Bonjour!/ Bonjour!
	Gute(n) Abend!/Nacht	Good evening!/night!	Bonsoir!/Bonne nuit!
	Hallo!/Auf Wiedersehen	Hello!/Goodbye!	Salut!/Au revoir!
	Tschüss!	Bye!	Salut!
	Ich heiße ...	My name is ...	Je m'appelle ...
	Wie heißen Sie?	What's your name?	Quel est votre nom?
	Ich komme aus ...	I'm from ...	Je suis de ...
	Bahnhof/Hafen	station/harbour	gare/port
	Abfahrt/Ankunft	departure/arrival	départ/arrivée
	Wie viel Uhr ist es?	What time is it?	Quelle heure est-t-il?
	Es ist drei Uhr.	It's three o'clock.	Il est trois heures.
	heute/morgen/ gestern	today/tomorrow/ yesterday	aujourd'hui/demain/ hier
ESSEN & TRINKEN	Die Speisekarte, bitte.	The menue, please.	La carte, s'il vous plaît.
	Könnte ich bitte ... haben?	May I have ...?	Puis-je avoir ... s'il vous plaît?
	Messer/Gabel/ Löffel	knife/fork/ spoon	couteau/fourchette/ cuillère
	Salz/Pfeffer/Zucker	salt/pepper/sugar	sel/poivre/sucre
	Milch/Sahne/Zitrone	milk/cream/lemon	lait/crême/citron
	mit/ohne Eis	with/without ice	avec/sans
	Vegetarier(in)	vegetarian	végétarien(ne)
	Ich möchte zahlen, bitte.	May I have the bill, please?	Je voudrais payer, s'il vous plaît.

Kurz und gut

Dieser Sprachführer hilft Ihnen, die wichtigsten Wörter und Sätze in den unten aufgeführten Sprachen zu sagen

EINKAUFEN

DEUTSCH	ENGLISCH	FRANZÖSISCH
Wo finde ich ...?	Where can I find...?	Où est ...?
Ich suche ...	I'm looking for ...	Je cherche ...
Brennen Sie Fotos auf CD?	Do you burn photos on CD?	Est-ce que vous gravez des photos sur CD?
Apotheke/Drogerie	pharmacy/chemist	pharmacie/droguerie
Bäckerei/Markt	bakery/market	boulangerie/marché
Lebensmittelgeschäft	grocery	épicerie
Supermarkt	supermarket	supermarché
100 Gramm/1 Kilo	100 gram/1 kilo	cent grammes/un kilo
teuer/billig/Preis	expensive/cheap/price	cher/bon marché/prix
mehr/weniger	more/less	plus/moins
aus biologischem Anbau	organic	de l'agriculture biologique

TELEKOMMUNIKATION

DEUTSCH	ENGLISCH	FRANZÖSISCH
Ich suche eine Prepaid-karte.	I'm looking for a prepaid card.	Je cherche une recharge pour mon portable.
Wo finde ich einen Internetzugang?	Where can I find internet access?	Où puis-je trouver un accès à internet?
Brauche ich eine spezielle Vorwahl?	Do I need a special area code?	Ai-je besoin d'un code de zone spécial?
Computer/Batterie/Akku	computer/battery/rechargeable battery	ordinateur/batterie/accumulateur
At-Zeichen	at symbol	arobase
Internetanschluss/WLAN	internet connection / Wifi (auch: Wireless LAN)	accès internet/wi-fi
E-Mail/Datei	email/file	mail/fichier
ausdrucken	print	imprimer

ZAHLEN

DEUTSCH	ENGLISCH	FRANZÖSISCH
0	zero	zéro
1	one	un, une
2	two	deux
3	three	trois
4	four	quatre
5	five	cinq
10	ten	dix
100	(one) hundred	cent
200	two hundred	deux cent
1000	(one) thousand	mille
2000	two thousandten	deux mille
10 000	thousand	dix mille

HOW TO CRUISE

EINSCHIFFUNG

Die Reedereien teilen Ihnen vor Reiseantritt alle notwendigen Informationen zu Ihrer Einschiffung und zum Liegeplatz des Schiffes mit. Dennoch kann es vorkommen, dass dieser sich kurzfristig ändert. Wenn Sie individuell zu Ihrem Abfahrtshafen reisen und nicht auf eine von der Reederei organisierte Anreise zurückgreifen, sollten Sie daher vor Ort auf Informationen bezüglich des Liegeplatzes achten. Sorgen Sie dafür, frühzeitig im Hafen zu sein, mindestens eine Stunde vor Ablegen ist empfehlenswert.

GEPÄCKSERVICE

Manche Anbieter bieten einen kostenpflichtigen Gepäckservice an. Ihr Gepäck wird einige Tage vor Reiseantritt bei Ihnen zu Hause abgeholt und auf Ihr Schiff gebracht (und umgekehrt, wenn Sie die Option gebucht haben). Wichtige Utensilien für Anreise und Einschiffung sollten Sie im Handgepäck mitführen.

AUSSCHIFFUNG

Wenn Sie individuell an- und abreisen, sollten Sie genügend Zeit zwischen

Historische Orte begleiten den Reisenden bei einer Kreuzfahrt auf Frankreichs Flüssen wie hier in Avignon

Tipps & Tricks für Ihre Flusskreuzfahrt

Zum ersten Mal auf großer Fahrt? Wir haben einige Infos und Begriffe rund um die Reise auf dem Fluss für Sie zusammengestellt

Ausschiffung und Weiterreise einplanen, um Ihre Anschlussverbindung (Bahn/Flugzeug) zu erreichen. Aufgrund von Wetterbedingungen oder Verspätungen an Schleusen kann es zu einer verspäteten Ankunft des Schiffes gegenüber der angegebenen Zeit kommen.

SICHERHEIT

Am Anreisetag erhalten Passagiere eine Einführung in die Sicherheit des Schiffes (sogenannte Sicherheitsübung). Zusätzliche Informationen zur Sicherheit stellen die Reedereien beispielsweise in Videos zur Verfügung. Schwimmwesten befinden sich in den Kabinen.

MEDIZINISCHE VERSORGUNG

Auf Flusskreuzfahrtschiffen reist häufig ein Arzt für medizinische Notfälle mit. Eine erforderliche weiterführende medizinische Versorgung erfolgt an Land. Oft hält eine Bordapotheke gängige Medikamente bereit. Es empfiehlt sich aber, selbst vorzusorgen und insbesondere regelmäßig erforderliche Medikamente in ausreichender Menge mitzunehmen.

LIEGEZEITEN

Vor Landgängen werden Sie darüber informiert, wie viel Zeit Ihnen dafür zur Verfügung steht. Beim Verlassen und bei Wiederbetreten müssen Sie Ihre Bordkarte vorzeigen. Wichtig: Sie sollten für die Rückkehr zum Schiff ausreichend Zeit einplanen. Auch wenn ein Schiff eine gewisse Zeit auf verspätete Gäste wartet – irgendwann fährt es los, da Liege- und Schleusenzeiten einzuhalten sind. Ist es einmal weg, stehen Sie vor einem Problem. Daraus eventuell entstehende Kosten wie Transfers oder Hotelübernachtungen sind regelmäßig vom Passagier selbst zu begleichen.

LANDGANG

Sie können für den Landgang Ausflugsangebote auf dem Schiff oder schon vor Reiseantritt buchen und z. B. an Sightseeing-Fahrten teilnehmen. Sie können ihn aber auch eigenständig organisieren. Ausflüge, die nicht schon im gesamten Reisepaket enthalten sind, sind regelmäßig zusätzlich zu bezahlen. Zu beachten ist, dass sich organisierte Ausflüge auch kurzfristig ändern können, z. B. aufgrund von Witterungsbedingungen.

INTERNET AN BORD

Auf Kreuzfahrtschiffen wird in der Regel eine Internetverbindung per WLAN angeboten. Sie ist meist kostenpflichtig und, außer bei Buchung bestimmter All-inclusive-Pakete, nicht im Reisepreis enthalten. Die Verbindung erfolgt über Satellit und wird umso langsamer, je mehr Personen auf das Internet zugreifen. Eine durchgängige Verbindung auf der Reise wird nicht garantiert.

GARDEROBE

Auch wenn die Garderobe an Bord infolge des zunehmend breiteren Spektrums an Kreuzfahrtschiffen und Reisenden inzwischen legerer ausfällt, sollten Sie sich dennoch informieren, welcher Dresscode an Bord Ihres Schiffs vorgesehen ist. Viele Reedereien informieren auf ihrer Website über den gewünschten Kleidungsstil. Unerwünscht ist immer Sport- oder Badekleidung zum Abendessen, auch barfuß im Restaurant ist ein No-Go. Für Landgänge sollten Sie grundsätzlich festes Schuhwerk mitnehmen.

TRINKGELDER

Trinkgelder für die Crew auf Kreuzfahrtschiffen sind zwar nicht verpflichtend, werden aber durchaus erwartet. Die meisten Reedereien informieren auf ihrer Website über die Trinkgeldgepflogenheiten. Üblich sind Trinkgelder von ca. 5 bis 10 € pro Gast und Reisetag, die auch über die Bordkarte abgerechnet werden können. Wer möchte, kann eine besondere Serviceleistung auch individuell honorieren. Trinkgelder für z. B. lokale Reiseführer kommen separat hinzu.

BORDRECHNUNG

Käufe, die Sie an Bord tätigen, werden in der Regel bargeldlos abgerechnet. Bei der Einschiffung registrieren Sie Ihre Kreditkarte oder leisten eine Einzahlung. Die Bordwährung ist meist Euro.

UNTERHALTUNG UND SPORT

Der Raum auf Flusskreuzfahrtschiffen ist begrenzter als auf Hochseeschiffen. Dennoch wird auch hier in der Regel ein Unterhaltungsprogramm wie Tanzabende angeboten; manche Anbieter stellen in einer Bibliothek eine Auswahl an Büchern zur Verfügung. In der Regel gibt es auch einen kleinen Shop. Auf verschiedenen Schiffen finden Sie auch einen Fitnessbereich oder einen Swimmingpool.

BORDSPRACHE

Die Bordsprache bei deutschen Reedereien ist Deutsch; manchmal kommt Englisch als zweite Sprache hinzu.

REZEPTION

An der Rezeption erhalten Sie u. a. Informationen, Postkarten und Briefmarken und können z. B. Ausflüge buchen.

TRINKWASSER

Auf manchen Schiffen hat das Leitungswasser Trinkwasserqualität, andere Reedereien weisen ausdrücklich darauf hin, das Leitungswasser nicht zu trinken. Im Zweifelsfall sollten Sie auf Mineralwasser zurückgreifen.

KABINEN-INFOS

Flusskreuzfahrtschiffe sind naturgemäß kleiner als ihre hochseetauglichen Pendants, sodass Sie hier aufgrund der schmaleren Bauweise normalerweise ausschließlich Außenkabinen vorfinden. Da die Schiffe häufig Brücken unterfahren müssen, sind sie auch niedriger gebaut als Hochseekreuzer. In der Regel besitzen sie zwei bis drei Decks; die Kabinenpreise hängen davon ab, auf welchem Deck die Kabine liegt. Als Faustregel gilt: je höher das Deck, desto teurer die Kabine.

▶ **Kabinen auf dem Hauptdeck:** Diese Kabinen sind die günstigste Variante; sie liegen dicht über dem Wasser, die Fenster sind nicht zu öffnen.

▶ **Kabinen auf dem Mitteldeck:** Diese haben meist einen französischen Balkon oder bodentiefe Fenster.

▶ **Kabinen auf dem Oberdeck:** gehobenste und damit teuerste Kabinenklasse.

SCHIFFS-ABC

Achtern – hinterer Teil des Schiffes (Heck)
Achternkabine – Kabine im hinteren Teil des Schiffs; aufgrund der Nähe zu den Schiffsmotoren lauter als andere Kabinen
Anker – hält das Schiff an seinem Platz, Kreuzfahrtschiffe haben mehrere
Anker lichten – Hochziehen der Anker vor Abfahrt des Schiffs
Auslaufen – Hinausfahren des Schiffes aus dem Hafen
Backbord – linke Seite des Schiffes in Fahrtrichtung
Beidrehen – Drosseln des Tempos und Änderung der Fahrtrichtung des Schiffes
Bug – vorderer Schiffsteil
Bullauge – rundes Fenster
Bunker – Treibstofflager auf einem Schiff
Brücke – Von hier steuert der Kapitän das Schiff.
Deck – die Stockwerke eines Schiffs; meist Hauptdeck, Mitteldeck und Oberdeck
Dock – Anlegestelle des Schiffes
Faden – nautisches Längenmaß; 1 Faden entspricht 1,82 m
Flaggschiff – bestes Schiff einer Reederei, oft auch das größte und neueste
Gangway – Treppe oder Brücke, über die die Passagiere Zugang zum Schiff haben
Gieren – vom Kurs abkommen
Glasen – nautische Zeitangabe, die eine halbe Stunde bezeichnet
Hafengebühr – wird in jedem Hafen, abhängig von der Schiffsgröße, berechnet
Heck – hinterer Teil des Schiffes (siehe Achtern)
Informal – englische Bezeichnung für legere Bekleidung an Bord
Jungfernfahrt – erste Fahrt eines Schiffs mit Passagieren
Kapitän – Schiffskommandant
Kiel – von vorn bis hinten durchgängiger Bauteil eines Schiffes, der weitgehend unter der Wasserlinie liegt
Kielwasser – Wasserspur, die ein Schiff während der Fahrt hinter sich herzieht
Koje – Schlafplatz auf Schiffen
Kombüse – Schiffsküche
Knoten – nautische Geschwindigkeitseinheit, 1 Knoten entspricht einer Seemeile pro Stunde
Kurs – Fahrtrichtung eines Schiffes
Lee – dem Wind abgewandte Seite
Lotse – leitet Schiffe durch schwierige Gewässer
Luv – dem Wind zugewandte Seite
Manifest – Passagierliste
Niedergang – (schmale) Treppe im Inneren eines Schiffs
Pier – Anlegestelle für ein Schiff (auch Kai genannt)
Quai – Landungsbrücke
Reling – Geländer an Deck
Ruder – Schiffssteuerung
Rumpf – Schiffskörper ohne Aufbauten
Schlingern – seitliches Schaukeln eines Schiffs
Schwesterschiffe – baugleiche Schiffe einer Flotte
Seemeile – nautisches Längenmaß, entspricht 1852 m
Sextant – nautisches Messinstrument zur Ortsbestimmung
SOS – internationales Notrufzeichen
Stampfen – schaukelnde Bewegung eines Schiffs in seine Längsrichtung
Steuerbord – rechte Seite des Schiffs in Fahrtrichtung
Wache – Dienstzeit der Mannschaft an Bord
Wasserlinie – Höhe des Wasserspiegels am Schiffsrumpf

REGISTER

In diesem Register sind ausgewählte im Reiseführer erwähnte Sehenswürdigkeiten und Ausflugsziele aufgeführt.

IMPRESSUM
Titelbild: Alte Brücke Avignon in Provence, Frankreich (© stock.adobe.com/samott)
Fotos: © stock.adobe.com: samott (1), MangAllyPop@ER (5), Vladimir Sazonov (13), Mistervlad (17), aterrom (18, 21, 24, 76, 115), Patrick Hermans (22), John Nakata (26), Leonid Andronov (28), Alexi Tauzin (29), PackShot (30), allard1 (34), dvoevnore (35), rh2010 (37, 38, 49, 106), arnaudmartinez (41), PUNTO STUDIO FOTO AG (42), Philipimage (44), AlcelVision (45), Elie (50), antoine2k (54), PHB.cz (57), Alexander Demyanenko (58), pictarena (60), Matteo Ceruti (62), photlook (63), fabiomax (66), uckyo (67), HLPhoto (75), hochfeld (79), natalia_maroz (86), sanderstock (89), Pictures news (93, 102), Pixelshop (109), MissKlik (112), Janna (113), kemaltaner (120), dudlajzov (121), stevanzz (100/101), Sergii Figurnyi (116/117), Frank (2 o., 46/47), f11photo (2 u., 14/15), konstantant (3 r., 124), Rojo (50/53), Tupungato (72/73), JFL Photography (80/81), tichr (82/83, 84/85), YULIA BELOUSOVA (94/95), PUNTOSTUDIOFOTO Lda (98/99), RicoKödder (Umschlag hinten innen); © istockphoto.com: Arnaud Martinez (4), AnkNet (71), Gregory_DUBUS (87), grauy (90), Theo_Theron (96), sigurcamp (105), olrat (3 l., 68/69); © mauritius images: Westend61 RF/Werner Dieterich (9), UK City Images/Alamy (33), Rene Mattes (64), Simon Lowthian/Alamy (74), Robert Harding/Peter Richardson (110), Krista Rossow/Alamy (119), Udo Siebig (128), age fotostock 1013/Philippe Michel (10/11), age fotostock 1013/José Antonio Moreno (6/7); © LAIF: hemis.fr, Sonnet (23)

SCHREIBEN SIE UNS!

Egal, was Ihnen Tolles im Urlaub begegnet oder Ihnen auf der Seele brennt, lassen Sie es uns wissen! Ob Lob, Kritik oder Ihr ganz persönlicher Tipp – die MARCO POLO Redaktion freut sich auf Ihre Infos.
Wir setzen alles dran, Ihnen möglichst aktuelle Informationen mit auf die Reise zu geben. Dennoch schleichen sich manchmal Fehler ein – trotz gründlicher Recherche unserer Autoren und Autorinnen. Sie haben sicherlich Verständnis, dass der Verlag dafür keine Haftung übernehmen kann.

MARCO POLO Redaktion
MAIRDUMONT
Postfach 31 51
73751 Ostfildern
info@marcopolo.de

1. Auflage 2019

Autoren: Barbara Markert, Gerhard Bläske, Waltraud Pfister-Bläske, Hans-Peter Reiser, Peter Bausch, Stefanie Bisping, Manfred Görgens
Bearbeiter: Hilke Maunder, Felicitas Schwarz, Dieter Basse, Stefanie Bisping, Errol Friedhelm Karakoc, Klaus Simon, Hilke Maunder, Dorothea Schmidt

Kartografie und Faltkarten © MAIRDUMONT, Ostfildern

Printed in Italy

BLOSS NICHT 

Besonderheiten, über die Sie informiert sein sollten

EIGENMÄCHTIG EINEN TISCH AUSSUCHEN

Im Restaurant wird man platziert, konkret bedeutet das: Sie warten am Eingang, bis der Service Ihnen einen Tisch anbietet. Gefällt Ihnen der nicht, bitten Sie einfach um einen anderen. Wer sich selber einen Tisch sucht, läuft Gefahr, dass man ihn lange – gewollt oder ungewollt – ignoriert.

MIT GROSSEN SCHEINEN BEZAHLEN

Da die Franzosen mittlerweile selbst kleinste Einkäufe mit der Kreditkarte bezahlen, können kleine Läden und Cafés oft nicht auf 100 oder gar 200 Euro herausgeben, morgens zum Teil nicht einmal auf 50 Euro.

BRANDGEFAHR UNTERSCHÄTZEN

Vor allem an den Küsten trocknet der Wind bodennahe Vegetation schnell aus. Schon eine achtlos weggeworfene Zigarette oder eine Glasscherbe kann unter ungünstigen Umständen ausreichen, einen ganzen Küstenstrich in Flammen aufgehen zu lassen.

ALLZU LÄSSIGE KLEIDUNG TRAGEN

Auf dem Land wird trotz des hohen Urlauberaufkommens manches noch ein wenig enger gesehen. Mit allzu luftiger Freizeitbekleidung sollten Sie nicht in die Kirche gehen, zu einem aufwendigen Diner sollten Sie nicht zu zwanglos erscheinen. Auch Badebekleidung beim Flanieren durch provenzalische Städte wird nicht gern gesehen, und es kommt gut an, wenn man beim Besichtigen der Schlösser, Museen und Kirchen etwas Stil wahrt.

OHNE WÖRTERBUCH INS RESTAURANT

Die kulinarischen Genüsse sind ein Markenzeichen Frankreichs. Leider werden die Namen der Gerichte nur selten ins Englische oder gar Deutsche übersetzt. Ein kleines Wörterbuch fürs Restaurant gehört daher unbedingt ins Gepäck. Zwar halten Sie damit noch nicht den Schlüssel zum Gourmethimmel in der Hand, können sich aber gegen die schlimmsten Überraschungen absichern – und auf die schönsten Freuden vorbereiten.

DIE MITTAGSRUHE STÖREN

Zwischen 12 und 14 Uhr ruht Frankreich und folgt dabei einem nationalen Herdentrieb, der uns kurios anmutet. Lassen Sie sich lieber nicht einfallen, nach oder auch kurz vor dem Glockenschlag schnell noch was erledigen zu wollen. Sie ernten böse Mienen und kommen wahrscheinlich gar nicht zu Ihrem Ziel.

DIEBEN EINE CHANCE GEBEN

Gerade in Großstädten sind Touristen oft eine leichte Beute von Dieben. An Sightseeing-Brennpunkten und im Gedränge ist besondere Vorsicht geboten. Hier tummeln sich häufig Taschendiebe.